세상에서
가장 재미있는
**멸종 동물
도감**

또
이유가 있어서
멸종
했습니다

: 고생대부터 현대까지

감수 이마이즈미 다다아키
글 마루야마 다카시
그림 사토 마사노리 외
한국어판 감수 백두성
옮김 허영은

위즈덤하우스

시작하는 말

지구에 생명이 태어난 다음부터 지금까지, 주어진 환경에 유리한 생물은 위풍당당하게 세상을 누렸고, 불리한 생물은 조용히 숨어 살았습니다. 하지만 기후나 장소에 큰 변화가 생기면 위풍당당하던 생물일수록 훌쩍 모습을 감추고, 숨죽여 지내던 생물이 의외로 끈질기게 살아남았습니다.

이 책의 전반부에서는 멸종한 생물들의 비극과 희극을 소개합니다. 진화를 낳은 '자연 멸종'에 대한 이야기지요. 후반부에는 사람이 멸종시키거나 멸종 직전까지 내몰린 많은 동물이 등장합니다. 똑같은 멸종이지만, 진화로 연결되지 않은 슬픈 '인위적인 멸종'에 대한 이야기입니다.

바꿔 말하면, 자연스러운 멸종과 슬픈 멸종으로 나눌 수 있습니다.(물론 멸종한 당사자는 자연스럽다고 생각하지 않겠지만요.) 자연스러운 멸종이 없었다면, 사람은 태어나지 못했을 것입니다. 이 책을 읽고 여러분은 분명히 멸종과 진화의 신비로움을 느낄 수 있을 거예요.

슬픈 멸종은 남의 일이 아닙니다. 앞으로 어떻게 하면 좋을지 생각해 보는 건 어떨까요? 지금 이대로 모르는 척하면 사람도 멸종으로 향하는 길에 들어설 가능성이 높습니다.

감수 이마이즈미 다다아키

하늘 부문

하늘을 지배한 가장 큰 독수리!
하스트수리!

'귀신 같은 솜씨로 타조보다 큰 새의 숨통을 끊는 사냥의 달인!'

우리는 대단했지만 멸종했습니다

바다 부문

몸길이 18m의 중생대 바다의 왕자
모사사우루스

'얕은 바다에 사는 생물은 몽~땅 나의 밥!'

지구의 나이는 약 46억 년. 지구에 생명이 태어난 뒤로 약 40억 년이 지났습니다. 지금까지 지구에 태어난 생물은 셀 수 없을 정도로 많지만 99.9%가 멸종했습니다. 거의 모든 생물이 멸종한 셈이지요. 그중에는 강한 생물과 굉장한 능력을 갖춘 생물도 많았습니다.

지구는 마치 살아 있는 생물처럼
짐작할 수 없는 활동을 계속해 왔습니다.
지구에서 살아가는 생물은

지구의 변화에
운명이 흔들립니다.

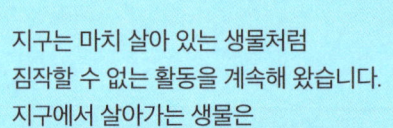

지구의 변덕 1
대륙의 이동
대륙이 둘로 나뉘거나 하나로 합쳐지는 일도 있습니다. 이로 인해 지형의 변화 혹은 화산 폭발이 일어납니다.

지구의 변덕 2
공기 성분의 변화
화산 폭발이나 지구 생물의 활동에 따라 산소와 이산화탄소의 농도가 달라집니다.

모든 것은 변화무쌍한 지구 때문

멸종의 가장 큰 이유는 '**환경 변화**'입니다. 생물은 자신을 둘러싼 환경에 맞추어 몸의 구조나 능력을 바꾸며 진화했습니다. 이것을 '**적응**'이라고 합니다. 하지만 곤란하게도 지구는 변덕쟁이라, 지구의 환경은 아무 때나 변합니다. 환경이 달라질 때마다 **옛 환경에 적응한 쪽은 멸종하고**, 살아남은 생물 중에서 **새로운 환경에 적응한 쪽은 진화합니다**. 생물이 탄생한 이래로, 지구에서 끝없이 되풀이된 과정입니다.

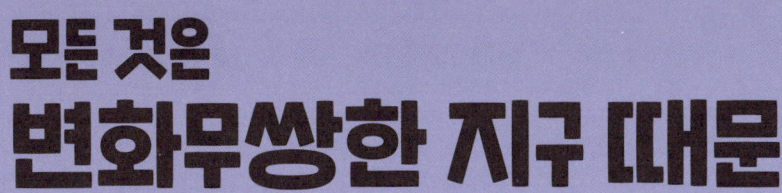

지구의 변덕 3

급격한 기온 변화

태양과의 거리나 각도, 공기의 성분, 지형의 변화에 따라 기온은 크게 달라집니다.

강함과 약함은 종이 한 장 차이

강함과 약함의 차이가 점점 알쏭달쏭합니다. 이상하게도 멸종에 대해 생각할수록

플라티벨로돈의 경우
물가에서 살고, 거대한 턱으로 수초를 엄청나게 먹어 치워서 항상 배가 빵빵했다.
강하다
와구 와구 와구
물의 부력 덕분에 무거운 턱도 둥둥 뜬다.

옛날왕쇠똥구리의 경우
코끼리나 코뿔소의 거대한 똥을 먹고 점점 거대해졌다.
모락모락
강하다

도도의 경우
천적이 없는 섬에서 살았기 때문에 덩치가 커졌다.
강하다
우아아
박박
큰 몸집은 자기들끼리 싸울 때 이기기 쉽다.

진화는 매우 어렵습니다

지금까지의 내용을 읽고 나서, 어떤 친구는 이렇게 질문할지도 모릅니다. "환경이 바뀌어도 그때마다 진화해서 대응하면 멸종하지 않잖아요?" 하고 말입니다. 그러나 진화는 말처럼 쉽지 않습니다.
'진화'란 몸의 구조나 능력을 바꾸는 일인데, 생물에게 필요한 조건으로 뚝딱 변화할 수 없습니다. 어떤 점이 어려운지 지금부터 살짝 설명해 줄게요.

진화의 약속

1 되돌리기는 불가능하다

진화는 '취소'가 불가능합니다. 예를 들면 사람이 미래에 '물고기로 진화할 확률'은 0%입니다. 왜냐하면 사람은 물속에서 호흡할 때 필요한 '아가미'를 아주 오래 전에 버렸기 때문이지요. 한 번 버린 능력을 '다시 필요한 거 같아!'라면서 되돌리는 일은 불가능합니다.

2 시간이 오래 걸린다

진화를 하려면 몇천 년, 몇만 년이라는 까마득하게 긴 시간이 필요합니다. 기본적으로 진화는 부모에서 자식으로 특징이 유전되면서 조금씩 변화해 가는 과정이기 때문입니다. 매우 드물게 운이 좋은 돌연변이가 태어나서 빠르게 진화하는 경우도 있지만, 환경은 너무나 빠르게 변해서 진화가 따라잡기 어렵습니다.

3 의지만으로는 아무 일도 일어나지 않는다

'빨리 달리고 싶어', '몸집을 키우고 싶어', '강한 이빨이 갖고 싶어'라고 아무리 소원을 빌어도, 뜻대로 되지 않습니다. 주어진 환경 속에서 살아가는 데 유리한 특징을 가진 생물이 자손을 많이 남겨야 진화가 일어납니다. 의지대로 진화하는 것이 아니라, 환경에 선택된 결과가 진화입니다.

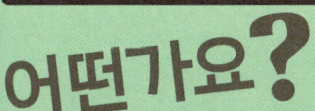

진화는 마음대로 이루어지지 않는다는 사실을 이해했나요? 멸종을 피하는 것은 매우 힘든 일입니다.

살아남는 비결, 있어요!

우리 사람은 참 특이한 생물입니다. 지구의 환경을 바꾸고 많은 생물을 멸종하게 만듭니다. 한편 멸종 위기의 생물을 보호하고 지구 환경을 좋은 방향으로 바꾸려고 노력하기도 합니다. 즉 지구에서 가장 깊게 멸종에 관여하면서, 멸종을 싫어하고, 멸종당하지 않길 바라는 생물입니다. 그리고 사람에게는 또 한 가지 특이한 점이 있습니다. 그것은 바로 배우고, 생각하는 능력! 모두 머리를 맞대고 진지하게 고민하면 멸종에서 벗어날 방법을 찾을 수 있을지도 모릅니다.
우선 멸종한 생물에 대해 잘 알아야겠지요.
화석처럼 얼마 남지 않은 단서에 귀 기울이고 그들의 목소리를 들어 보지 않을래요?

차 례

> 도대체 무슨 일이 일어나기 시작한 거지?

시작하는 말 — 2
우리는 대단했지만 멸종했습니다 — 4
모든 것은 변화무쌍한 지구 때문 — 6
강함과 약함은 종이 한 장 차이 — 8
진화는 매우 어렵습니다 — 10
살아남는 비결, 있어요! — 12
이 책을 색다르게 읽는 방법 — 20

I 고생대에 멸종

 어중간한 진화는 힘들어!

지구의 일기 ① — 22

 지느러미가 없어서 멸종 **아란다스피스** — 24
 몸이 둥글둥글해서 멸종 **코틸로린쿠스** — 26
 왕눈이라서 멸종 **고티카리스** — 28
 겉모습만 그럴듯해서 멸종 **코엘루로사우라부스** — 30
 허물벗기가 번거로워서 멸종 **마조타이로스** — 32
 머리통이 걸려서 멸종 **디플로카울루스** — 34

쉬어 가기 ❶ 식물의 노래 - 양치식물의 슬픈 노래 — 36

2 중생대에 멸종

무한 생존 경쟁은 힘들어!

지구의 일기 ② ~ 38

 오줌을 너무 많이 싸서 멸종 **파솔라수쿠스** ~ 40
 숨이 막혀서 멸종 **리스트로사우루스** ~ 42
 새가 되지 못해서 멸종 **이치** ~ 44
 걸음이 느려서 멸종 **헤노두스** ~ 46
 거대 공룡이 멸종해서 멸종 **알로사우루스** ~ 48
 바다에 독이 퍼져서 멸종 **모사사우루스** ~ 50
 볏이 너무 길어서 멸종 **닉토사우루스** ~ 52
 등딱지가 없어서 멸종 **오돈토켈리스** ~ 54
 깃털이 소용없어서 멸종 **롱기스쿠아마** ~ 56
 온몸이 구워 삶아져서 멸종 **아르젠티노사우루스** ~ 58
 강해 보이는데 약해서 멸종 **아르케론** ~ 60

쉬어 가기 ❷ 돌연변이의 노래 - 이심전심 유전자 통신 ~ 62

3 신생대에 멸종

엉터리 진화는 힘들어!

지구의 일기 ③ ~ 64

 초원에 적응하지 못해서 멸종 **신테토케라스** ~ 66
 이빨이 거꾸로 자라나서 멸종 **데이노테리움** ~ 68

15

몸이 너무 길어서 멸종 **바실로사우루스** ─ 70

 커다란 똥이 없어져서 멸종 **옛날왕쇠똥구리** ─ 72

 아주 천천히 자라서 멸종 **다구치류** ─ 74

 이빨이 김밥같이 생겨서 멸종 **데스모스틸루스** ─ 76

 몸이 무거워도 너무 무거워서 멸종 **메갈라니아** ─ 78

 심하게 튼튼한 갑옷을 입어서 멸종 **메이올라니아** ─ 80

 갑자기 추워져서 멸종 **브론토테리움** ─ 82

 뿔을 길러서 멸종 **케라토가울루스** ─ 84

 발톱이 날카로워서 멸종 **칼리코테리움** ─ 86

 몸이 작아져서 멸종 **호모 플로레시엔시스** ─ 88

 고기를 포기 못해서 멸종 **아르크토테리움** ─ 90

 수염고래를 놓쳐서 멸종 **리비아탄** ─ 92

 등딱지를 너무 믿어서 멸종 **글립토돈** ─ 94

 소금에 중독되어서 멸종 **프로콥토돈** ─ 96

 낙타한테 져서 멸종 **마크라우케니아** ─ 98

 숨어서 기다리다가 멸종 **틸라콜레오** ─ 100

 해초가 줄어들어서 멸종 **수중나무늘보** ─ 102

 조개껍데기가 두꺼워져서 멸종 **포티펙텐 타카하시아이** ─ 104

 노숙자가 되어서 멸종 **유럽동굴곰** ─ 106

 전염병에 걸려서 멸종 **황제매머드** ─ 108

쉬어 가기 ❸ 건조화의 노래 - 초원에서 다시 만나자 ─ 110

4 현대에 멸종
사람 때문에 힘들어!

지구의 일기 ④ — 112

 줄무늬가 없어져서 멸종 **콰가** — 114

 알 낳을 곳이 없어져서 멸종 **로키산메뚜기** — 116

 화재로 멸종 **뉴잉글랜드초원멧닭** — 118

 땅을 걷다가 멸종 **큰짧은꼬리박쥐** — 120

 모아가 없어져서 멸종 **하스트수리** — 122

 이사 온 물고기 때문에 멸종 **티티카카 오레스티아** — 124

 죄수한테 잡아먹혀서 멸종 **카보베르데도마뱀** — 126

 라니냐 현상 때문에 멸종 **황금두꺼비** — 128

 알을 빼앗겨서 멸종 **에피오르니스** — 130

 지구 온난화 때문에 멸종 **브램블케이멜로미스** — 132

 조개만 먹어서 멸종 **까치오리** — 134

[긴급 특집] 사람 인터뷰 ① 이봐요, 왜 멸종시킨 겁니까? — 136

[긴급 특집] 사람 인터뷰 ② 멸종 찬성파의 의견을 물었습니다. — 138

[긴급 특집] 사람 인터뷰 ③ 멸종 반대파의 의견을 물었습니다. — 140

쉬어 가기 ④ 품종 개량의 노래 - My Lovely CHESHO ROMANCE — 142

5 멸종할 줄 알았는데 멸종하지 않은 생물

~~~ 살아남았지만 힘들어!

지구와 함께 쓰는 교환 일기 ① 144

- 입이 빨판으로 변해서 살아남은 칠성장어 146
- 뇌가 작아서 살아남은 타조 148
- 최강이 아니라서 살아남은 상어 150
- 영국으로 끌려가서 살아남은 사불상 152
- 입도 항문도 없어서 살아남은 새날개갯지렁이 154
- 섬에 남겨져서 살아남은 아마미검은멧토끼 156

- 눈에 의지하지 않아서 살아남은 키위 158
- 수명이 짧아서 살아남은 하루살이 160
- 헤엄치기를 그만둬서 살아남은 해초 162
- 계획 없이 살아서 살아남은 투구게 164
- 몽구스가 사라져서 살아남은 오키나와뜸부기 166
- 거친 바다 덕분에 살아남은 코모도왕도마뱀 168
- 산소를 피해 도망쳐서 살아남은 고세균 170

쉬어 가기 ❺ 다양성의 노래 - 우리의 다양성 172

6 이유가 있어서 번성했습니다

힘들지만 살아가고 있어!

지구와 함께 쓰는 교환 일기 ② — 174

 사람에게 빌붙어서 번성 **집쥐** — 176

 사람의 천적이 되어서 번성 **모기** — 178

 마른 나무를 분해해서 번성 **버섯** — 180

 광합성을 시작해서 번성 **시아노박테리아** — 182

 다른 생물의 일부가 되어서 번성 **미토콘드리아** — 184

나가는 말 — 186
추천하는 말 — 188
찾아보기 — 190
작가 소개 — 192

※ 이 책에서 소개하는 동물의 멸종 이유에는 여러 가지 학설이 있습니다.

※ 전체 길이에서 꼬리나 꼬리지느러미를 제외한 길이를 몸길이라고 합니다. 다만, 지네, 박쥐처럼 꼬리의 존재가 분명하지 않은 일부 동물에게도 사용하고 있습니다.

이 책을 색다르게 읽는 방법

이 책은 누가, 언제, 어디서부터 읽어도 상관없습니다.
그저 가만히, 여러 동물이 들려주는 멸종의 이유에 귀를 기울여 보세요.
그런데 여러분은 '정보'가 주는 즐거움을 알고 있나요?

사실 이 책에는 다양한 정보가 실려 있습니다.
마음이 내킬 때면 언제든지 아래의 코너들을 참고해
정보의 즐거움을 알아 가는 것도 좋지 않을까요.

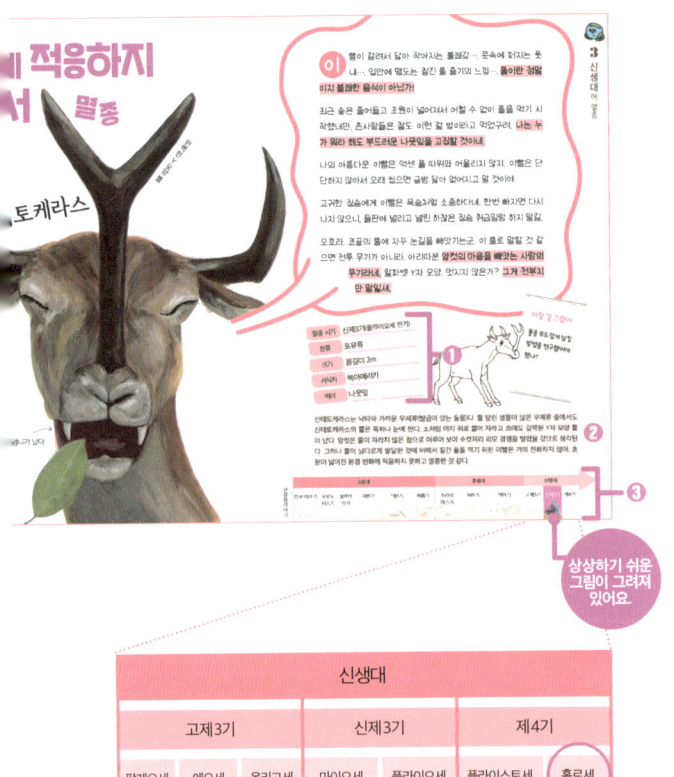

❶ 기본 정보
동물들의 생생한 모습이나 몸의 크기(동물에 따라 측정하는 방식이 다르다), 서식지 등을 알 수 있어요. "이런 걸 먹고 살았구나.", "어쩐지 많이 추웠을 것 같아." 하고 그 동물에 대해 깊게 생각해 보거나 다른 동물과 비교해 보는 것도 좋은 방법이에요.

❷ 해설
동물의 생태나 멸종한 이유에 대해 자세히 알 수 있어요. 기본 정보와 비교해 보면 그 동물이 살았을 때의 모습을 쉽게 떠올릴 수 있어요.

❸ 서식 연대
그 동물이 언제 나타났으며 언제 멸종했는지 한눈에 알 수 있어요. 꽤나 오랫동안 살아남은 동물도 있지만 눈 깜짝할 사이에 멸종한 동물도 있어요.

우리들이 살고 있는 '지금'은 신생대에 해당해요. 신생대는 크게 세 개의 '기'로 구분되지만, 사실 세 개의 '기'는 또다시 일곱 개의 '세'로 나누어집니다. 복잡하기 때문에 서식 연대에서는 따로 다루지 않지만 알아 두면 멸종에 관한 더욱 정확한 정보를 얻을 수 있어요.

자, 그럼 편한 방법으로 읽어 보세요.

1
고생대에 멸종

어중간한 진화는 힘들어!

지구에 생물이 태어난 뒤
다양하게 진화하기는 했지만,
만만찮은 지구 환경에서 살아남으려면
어떻게 달라져야 할까요.
시행착오를 겪는 중입니다.

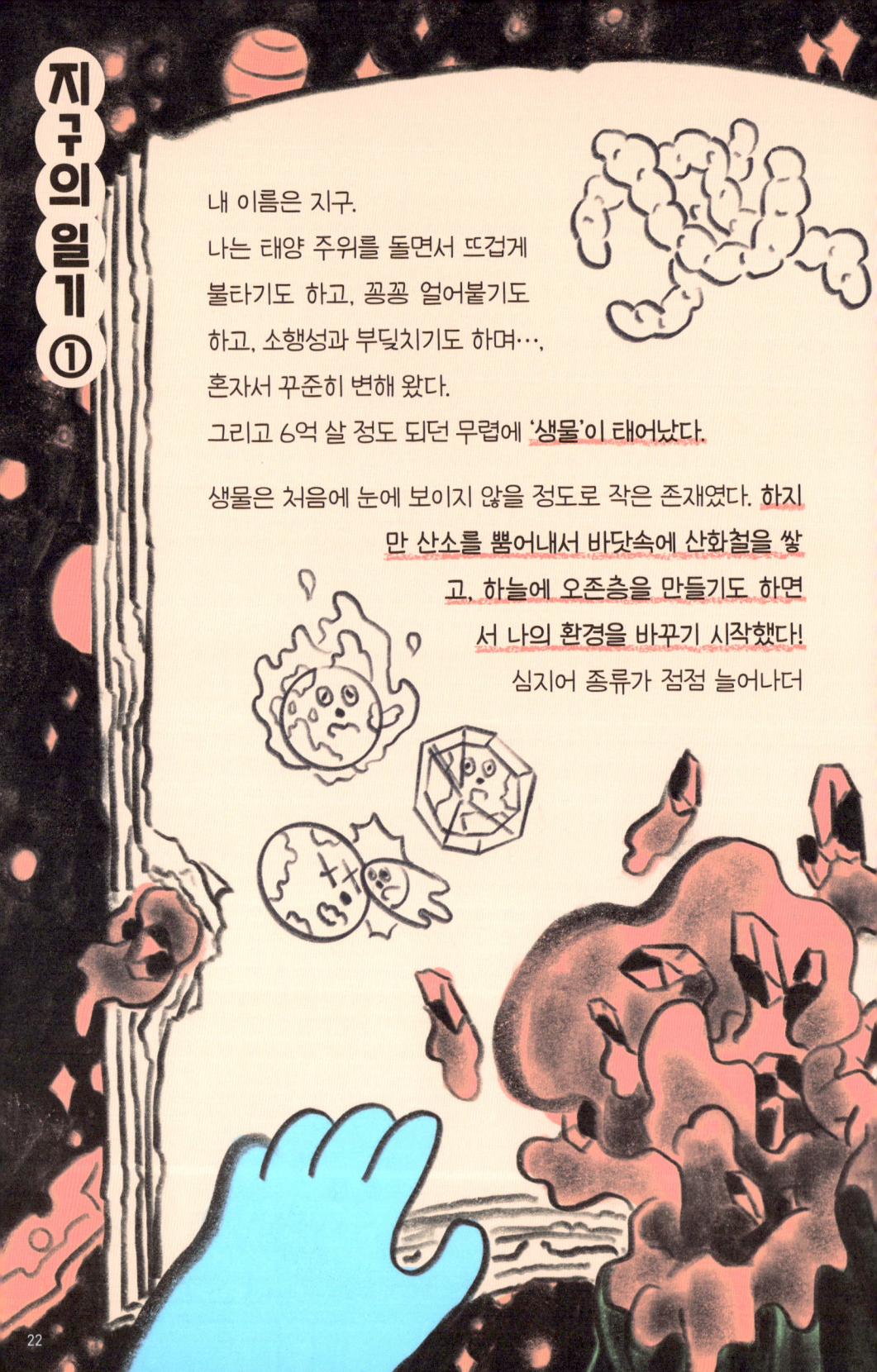

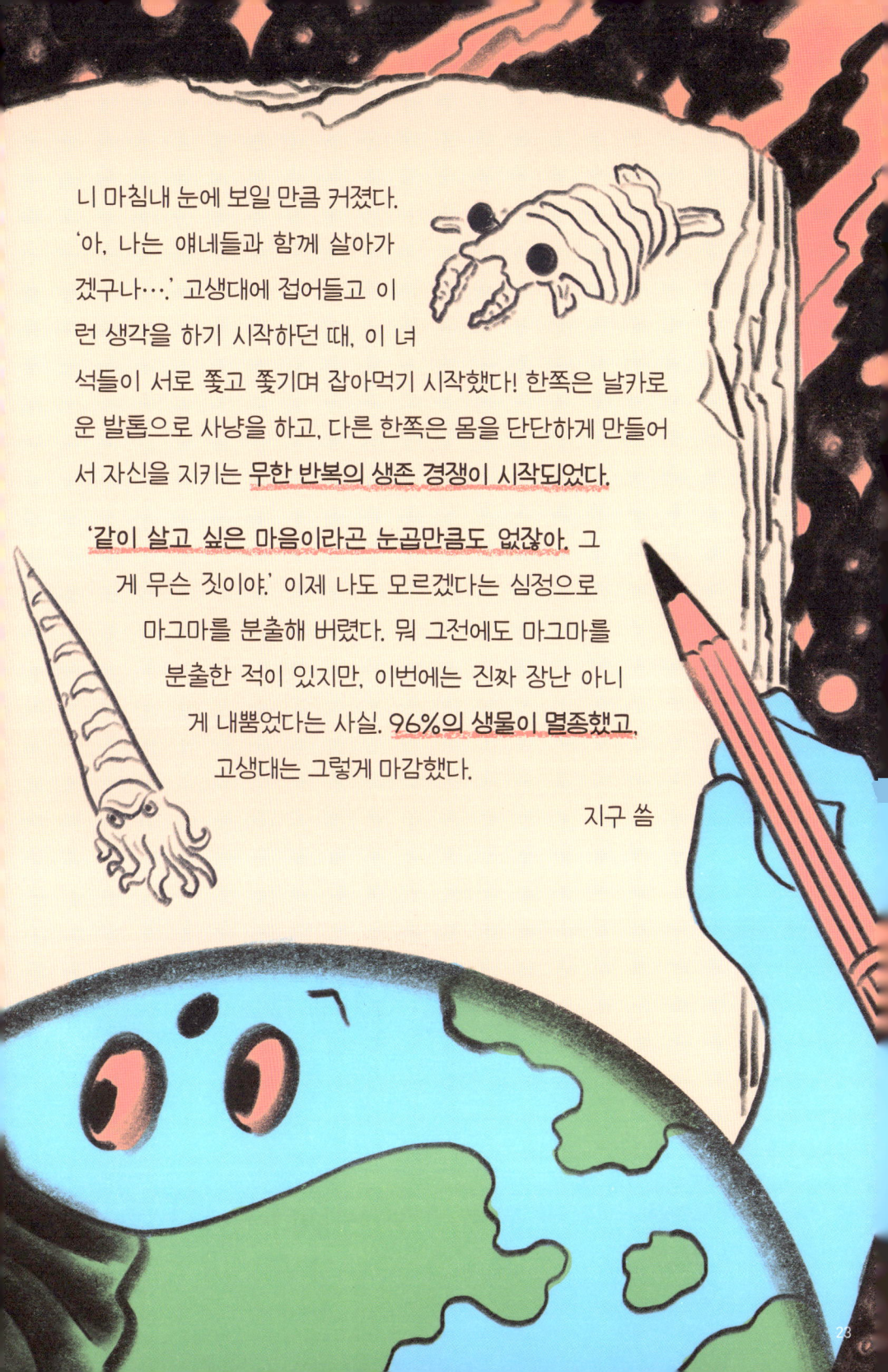

니 마침내 눈에 보일 만큼 커졌다. '아, 나는 얘네들과 함께 살아가겠구나…' 고생대에 접어들고 이런 생각을 하기 시작하던 때, 이 녀석들이 서로 쫓고 쫓기며 잡아먹기 시작했다! 한쪽은 날카로운 발톱으로 사냥을 하고, 다른 한쪽은 몸을 단단하게 만들어서 자신을 지키는 <u>무한 반복의 생존 경쟁이 시작되었다.</u>

<u>'같이 살고 싶은 마음이라곤 눈곱만큼도 없잖아.</u> 그게 무슨 짓이야.' 이제 나도 모르겠다는 심정으로 마그마를 분출해 버렸다. 뭐 그전에도 마그마를 분출한 적이 있지만, 이번에는 진짜 장난 아니게 내뿜었다는 사실. <u>96%의 생물이 멸종했고,</u> 고생대는 그렇게 마감했다.

지구 씀

슬그머니 다가오는 바다전갈

지느러미가 없어서 멸종

올챙이 몸매

아란다스피스

고생대에 멸종

앗, 들켰나? 쑥스럽구나…. 그렇단다. 아저씨는 날마다 여기에서 진흙을 먹는단다. 자, 잘 보렴. **아저씨의 입이 구멍 같이 생겼지?** 이빨이 없는 동물도 어쩌다 있지만, **나는 턱뼈조차 없단다.** 그래서 이렇게 바다 밑바닥에 있는 진흙을 진공청소기처럼 빨아들이고, 그 속의 미세한 영양분을 걸러 내서 먹는단다. 큰 건 못 씹어 먹으니까.

아, 그래 맞아. **아저씨는 가슴지느러미도 없고, 등지느러미도 없어.** 그래서 빠르게 앞으로 나아가지 못하고, 방향도 잘 바꾸지 못한단다.

그 탓에 나는 육식 생물에게 마구 잡아먹혀서 멸종했어. 그도 그럴 것이 바다 밑에서 흔들거리고만 있었으니, **천적의 눈에는 틀림없이 미역처럼 손쉬운 상대로 보였겠지.**

미안하구나, 방금 만났는데 말이 많았지. 어? 위를 보라고…?

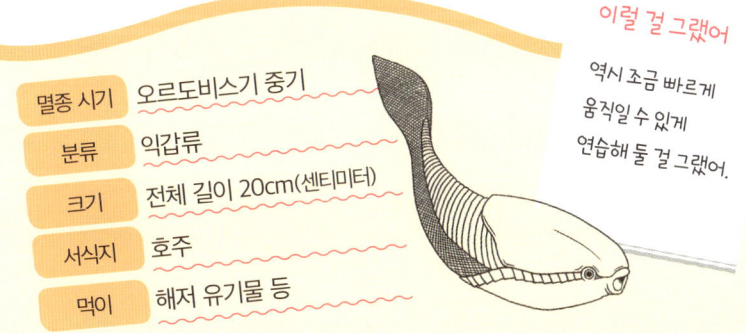

이럴 걸 그랬어
역시 조금 빠르게 움직일 수 있게 연습해 둘 걸 그랬어.

멸종 시기	오르도비스기 중기
분류	익갑류
크기	전체 길이 20cm(센티미터)
서식지	호주
먹이	해저 유기물 등

비늘을 진화시킨 가장 오래된 물고기가 바로 아란다스피스. 비늘은 방어력을 높이고, 물의 저항을 줄이는 등의 역할을 하는 획기적인 기관. 덕분에 아란다스피스는 캄브리아기의 물고기보다 몸집이 커질 수 있었다. 하지만 지느러미가 꼬리밖에 없어서 수영 실력이 형편없었다. 그래서 날쌔게 움직이는 바다전갈* 같은 사냥꾼이 나타나면, 느리게 움직이는 아란다스피스는 모조리 잡아먹혔던 것 같다. (*<이유가 있어서 멸종했습니다> 126쪽)

선캄브리아기	고생대						중생대			신생대		
	캄브리아기	오르도비스기	실루리아기	데본기	석탄기	페름기	트라이아스기	쥐라기	백악기	고제3기	신제3기	제4기

몸이 둥글둥글해서 멸종

잠 깐, "요즘 살쪘네"라니 무슨 소리야? 오해야! 나는 이래 봬도 의외로 적게 먹고, 건강식품인 양치식물밖에 못 먹는걸.

"그럼 왜 뚱뚱해?"라니 무례하네! 있잖아, 배가 둥근 것은 쓸데없는 살이 아니라 장이거든! 장이 너무 길어서 배가 부푼 것뿐이라고! 식물은 소화되는 데 오래 걸리니까 짧은 장으로는 무리야, 무리.

코틸로린쿠스

절망적인 느림보

뚱뚱이

고생대에 멸종

그리고 둥근 몸 덕분에 일광욕으로 따뜻해진 체온이 쉽게 식지 않거든.

나는 변온 동물이라 체온이 너무 낮으면 움직일 수 없어.

하지만 요즘 나보다 날씬하고 빠르게 움직이는 애들이 나타나서 기분이 별로야. **그 애들은 골격부터 다르더라.** 아~, 이제 이 몸매는 완전히 시대에 뒤처진 느낌! 맘에 안 들어, 정말.

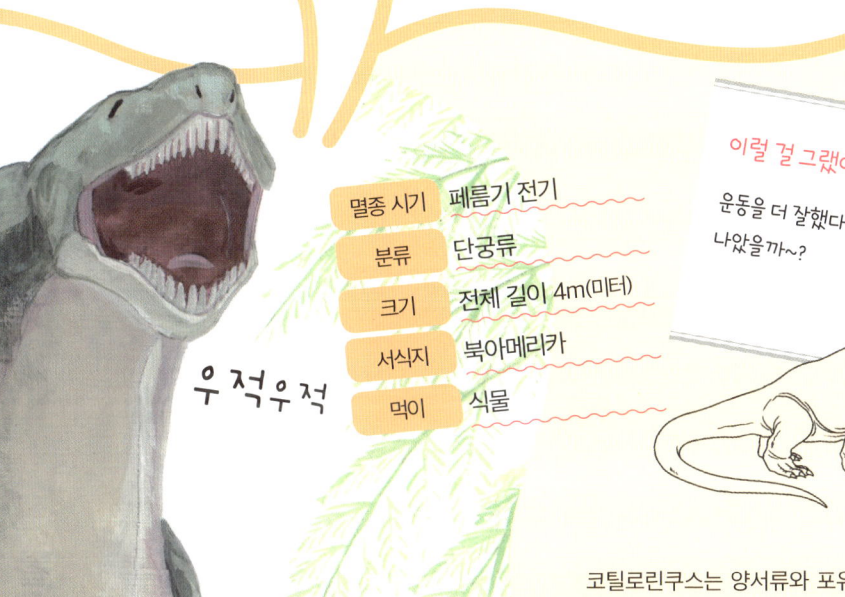

우적우적

멸종 시기	페름기 전기
분류	단궁류
크기	전체 길이 4m(미터)
서식지	북아메리카
먹이	식물

이럴 걸 그랬어
운동을 더 잘했다면 나았을까~?

코틸로린쿠스는 양서류와 포유류의 중간인 단궁류다. 변온 동물인 이들은 체온을 일정하게 유지하는 능력이 부족해서, 몸을 둥글게 만들어 표면적을 줄이는 방법으로 외부에 체온을 뺏기지 않도록 했던 것 같다. 하지만 시간이 지나면서 단궁류 중에서도 날렵한 몸에 재빠른 움직임을 가진 수궁류가 늘어났다. 움직임이 둔한 코틸로린쿠스는 그들과의 생존 경쟁에 밀려 멸종했을지 모른다.

선캄브리아기	고생대						중생대			신생대		
	캄브리아기	오르도비스기	실루리아기	데본기	석탄기	페름기	트라이아스기	쥐라기	백악기	고제3기	신제3기	제4기

왕눈이라서 멸종

고생대에 멸종

너 말이야, 엄청 쿨한 척하고 있지만 사실 상처받기 쉬운 타입이지? 아닌 척해 봤자 소용없어. 내 눈은 무엇이든지 꿰뚫어 보니까.

이봐, 어디 보는 거야. 양옆으로 튀어나온 건 그냥 장식이란 말씀! 이건 빛 감지용으로 달려 있을 뿐이거든. 먹잇감의 움직임을 보는 눈은 앞쪽에 있는 바로 이거야. 검도 할 때 뒤집어쓰는 호구 아니고 눈이란 말씀!

'겹눈'은 작은 눈이 잔뜩 모여서 이루어진 거 알지? 너 잠자리 눈 같은 거 본 적도 없어?

이 눈으로 난 여러 가지를 볼 수 있어. 근데 바로 이 눈 때문에 제대로 먹지도 못하는 운명에 빠졌달까. 이것 좀 봐, 내 얼굴 말이야. 얼굴의 90%(퍼센트)가 눈이야. 입이 너무 작아서 사냥감을 찾아도 덮칠 수가 없어. 결국 세상만사를 꿰뚫어 보았어도 정작 내 앞날은 보지 못하고 멸종하고 말았지.

멸종 시기	캄브리아기 중기
분류	갑각류
크기	몸길이 2.7mm(밀리미터)
서식지	스웨덴
먹이	알 수 없음

이럴 걸 그랬어
운명을 바꾸려면 적과 싸울 이빨도 필요했었나 봐.

캄브리아기에 생물의 종류가 폭발적으로 증가한 이유 중 하나는 눈의 진화다. 눈을 갖게 되면서 다른 생물을 볼 수 있게 되자, 재빠르게 상대방을 덮치는 생물과 몸을 단단하게 만들어서 자신을 지키는 생물이 나타났다. 그 와중에 오로지 눈만 크게 키운 생물이 고티카리스다. 거대한 겹눈으로 먹잇감 발견은 유리했지만, 작은 입과 발로는 물거나 공격할 수 없어서 정작 먹잇감을 차지하지는 못해 단기간에 멸종했다.

겉모습만 그럴듯해서 멸종

내가 아득하게 오랜 시간을 지나 지금 이곳에 다시 태어났노라. 옛 시대를 지배했던 용, 코엘루로사우라부스…. 앗, 다시 하라고요? 솔직히 용은 아니라고요? 알겠습니다…. 오랜 옛날 번성했던 도마뱀 닮은 파충류 코엘루로사우라부스! 나의 날개가 하늘을 가를 때 대지는 어둠으로 뒤덮이고…. 앗, 하늘을 날지 못한다고요? 뭐 확실히 제 날개는 뼈도 없고 근육도 별로 없다시피 해서, 실

기분만은 드래곤

외모만 번지르르하고 날지 못함

코엘루로사우라부스

고생대에 멸종

제로는 느릿느릿 움직이는 정도입니다만…. 네, 걸음걸이가 그렇습니다. 하지만 높은 나무에서 떨어질 때 날개 덕분에 순간적으로 둥실 떠오르는 경우도 있습니다! 그리고 날개는 체온 조절에도 도움이 됩니다. 네…. 지금 상황과 관계없는 이야기 맞습니다. 미안합니다….

그러면… 나는 쏜살같이 먹잇감에 달려들어서…. 앗, 실제로는 날아드는 듯이 벌레를 잡는 것은 무리인데요…. 나 참~ 결국 멋진 날개가 있어도 실속이 영 꽝이라서 멸종했을 거라고요? 하지만 의욕은 충분합니다!

멸종 시기	페름기 후기
분류	파충류
크기	전체 길이 60cm
서식지	서유럽, 마다가스카르섬
먹이	곤충

이럴 걸 그랬어
힘차게 날갯짓하려면 의욕보다 뼈와 근육이 중요했을 거라고요?

곤충이 독차지했던 고생대 하늘에 처음으로 등장한 척추동물(등뼈가 있는 동물)이라고도 한다. 하지만 코엘루로사우라부스의 날개는 피부의 돌기가 길어져서 뼈처럼 변하고 그곳에 막이 덮인 것이었다. 즉 진짜 뼈와 근육과는 연결되지 않은 구조라서 절대로 날갯짓을 할 수 없었을 것이다. 암컷에게 인기를 얻기 위해 펼쳤을 것이라는 가설도 있고, 실생활에 도움이 되지 않았을 가능성도 있다.

선캄브리아기	고생대						중생대			신생대		
	캄브리아기	오르도비스기	실루리아기	데본기	석탄기	페름기	트라이아스기	쥐라기	백악기	고제3기	신제3기	제4기

허물벗기가 번거로워서 멸종

날개가 여섯 장이나 달려 있음

마조타이로스

고생대에 멸종

라차차! 이제 얼마 안 남았는데…. <mark>나 언제부터 허물벗기를 시작했더라?</mark> 어디 보자, 덩치를 너무 키웠나…. 엉덩이 끝에 달린 가시까지 포함하면 1m에 가까우니…, <mark>허물 벗을 범위가 넓긴 넓네.</mark>

억울하다, 억울해. 난 별로 먹지도 않는데…. <mark>먹는 양은 둘째치고 빨대같이 생긴 입으로 양치식물 수액이나 쪽쪽 빨아먹고 살았는데….</mark> 왜 이런 거지? 왜 이렇게 덩치가 커진 거지?

<mark>커진 몸 때문에 허물 벗는 시간이 너무 오래 걸려서 천적한테 식은 죽 먹기나 다름없는 먹잇감이 된 내 신세.</mark> 허물 벗을 때마다 조마조마 무서워서 살 수가 있나….

기껏 지구 하늘을 맨 먼저 접수한 자랑스러운 곤충으로 태어났는데, 이러다가는 어른이 돼서 날개가 돋아나기도 전에 잡아먹히고 말겠어! <mark>날개의 의미를 떠올리자!</mark>

앗, 또 신호가 온다. 이번에야말로 성공해야지. 으라차차!

멸종 시기	석탄기 후기
분류	곤충류
크기	날개를 펼치면 56cm
서식지	미국
먹이	양치식물의 포자나 수액

이럴 걸 그랬어
너무 무럭무럭 자라면 좋지 않다는 소리?!

초기에 하늘을 날았던 곤충인 옛바퀴 종류 중에서 가장 몸집이 큰 종이었다. 날개를 펼치면 56cm나 되어서, 최대의 곤충이라고 알려진 메가네우라*와 크기가 엇비슷했다. 마조타이로스의 애벌레(유충)는 허물벗기(탈피)를 반복하면서 육지에서 생활했는데, 무방비한 상태에서 허물벗기를 하는 데 상당한 시간이 걸렸을 것으로 추측한다. 이때를 틈타 다른 곤충이나 전갈, 양서류 등이 덤벼들어서 꼼짝없이 잡아먹혀 멸종했을지 모른다.(* <이유가 있어서 멸종했습니다> 76쪽)

선캄브리아기	고생대						중생대			신생대		
	캄브리아기	오르도비스기	실루리아기	데본기	석탄기	페름기	트라이아스기	쥐라기	백악기	고제3기	신제3기	제4기

디플로카울루스

왜 이런 모양인지 내가 생각해도 미스터리!

앞으로 나아갈 수가 없어…

머리통이 걸려서 멸종

슬픔의 증거

지은이 양서아무개

디플로카울루스는 슬프다.

그는 새우를 찾아서 하천 바닥을 돌아다니다가, 바위 사이에 머리통이 걸려 더 이상 앞으로 나아갈 수 없게 되었다. 그의 머리통이 거대해진 이유에 대해서는 몇몇 의견이 있다. 잡아먹기 힘들게 하려는 작전상 변신일 수도 있다고 하고, 잠수하거나 물에 뜰 때 도움이 되었을 것이라고도 하고, 이성에게 멋지게 보이려고 머리를 키웠다는 주장도 있다. 이유가 무엇이든 머리통이 거대해진 뒤 그는 잘 먹고 잘 살았다. 하지만 행복은 잠시, 지금 이 순간 그의 대단한 머리통은 앞길을 막는 최대의 걸림돌이 되고 말았다.

'부메랑도 아니고 이 머리통 뭐야, 진짜!' 그는 '머리통 모양이 왜 이렇게 생겨 먹어서…'라고 속으로 구시렁거리면서 바위틈에서 머리를 빼내려고 했다. 그러나 머리통은 꿈쩍도 하지 않았다. '빠지지 않는다면, 내게도 생각이 있다!' 그는 그대로 멸종했다.

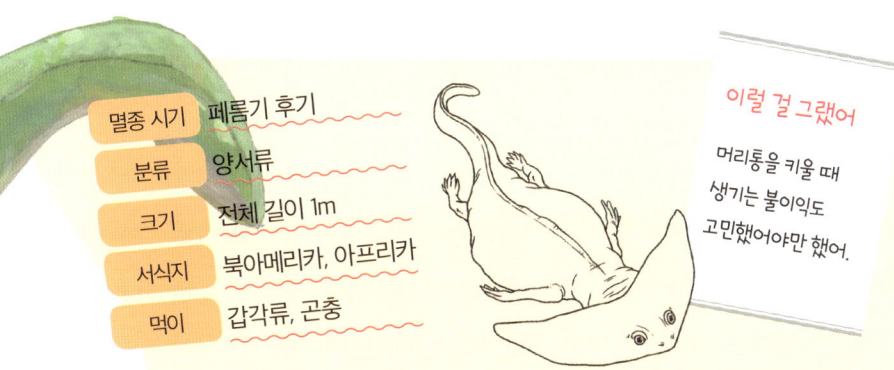

멸종 시기	페름기 후기
분류	양서류
크기	전체 길이 1m
서식지	북아메리카, 아프리카
먹이	갑각류, 곤충

이럴 걸 그랬어
머리통을 키울 때 생기는 불이익도 고민했어야만 했어.

디플로카울루스는 양서류라서 태어날 때는 올챙이 같은 모습이었다. 변태 과정을 지나 완전히 자란 뒤에도 다리가 짧기 때문에 하천 바닥을 기어 돌아다녔을 뿐, 육지에는 올라가지 않았을 것으로 짐작된다. 어릴 때는 머리통이 삼각형 모양이지만, 자라면서 뼈가 좌우로 튀어나와 부메랑 모양이 된다. 왜 이런 기묘한 형태의 머리통이 되었는지는 알 수 없으나, 장애물이 많은 하천 바닥에 숨을 때 방해가 되어 멸종했을지 모른다.

쉬어가기 ❶ 식물의 노래

양치식물의 슬픈 노래

• 노래 : 양치질 싫어 • 작사 : 마조타 • 작곡 : 어 중간해

4.7만 회 재생 좋아요 2511명

눈을 감으면 떠올라
3억 5000만 년 전의 석탄기
후텁지근한 열기, 촉촉한 대지
양치식물의 거대한 밀림이 그곳에 있었지

화려했던 내가 이제는 식물계의 아웃사이더
지구도 나의 마음도 너무나 메말라 버렸어

아 수분을 충전해 줘
메마른 대지에서는 살 수가 없어!
오 꽃 따위는 피우지 않아
포자가 싹을 틔워 수정하니까

선태식물과 한배에서 태어난 나
진화의 파도를 타고 홀로 일어섰다네
'지구의 첫 번째 나무' 의기양양한 얼굴로
땅바닥에 납작 붙어 있는 선태식물을 비웃었지

왕년에 잘나갔던 내가 이제는 식물계의 엑스트라
페름기에 태어난 종자식물에 자리를 내주고 말았다네

아 단단한 씨앗을 갖고 싶어
메마른 대지에 뿌리를 내리고 싶어!
오 내게도 꽃과 열매를 줘
나도 벌레와 새에게 사랑받고 싶어

2
중생대에 멸종

~~~~ 무한 생존 경쟁은 힘들어!

지구에서 살아남기 위해 열심히 진화했는데,
생물끼리의 경쟁마저 점점 격렬해졌습니다.
밀려나지 않기 위해서 애쓰고 있습니다.

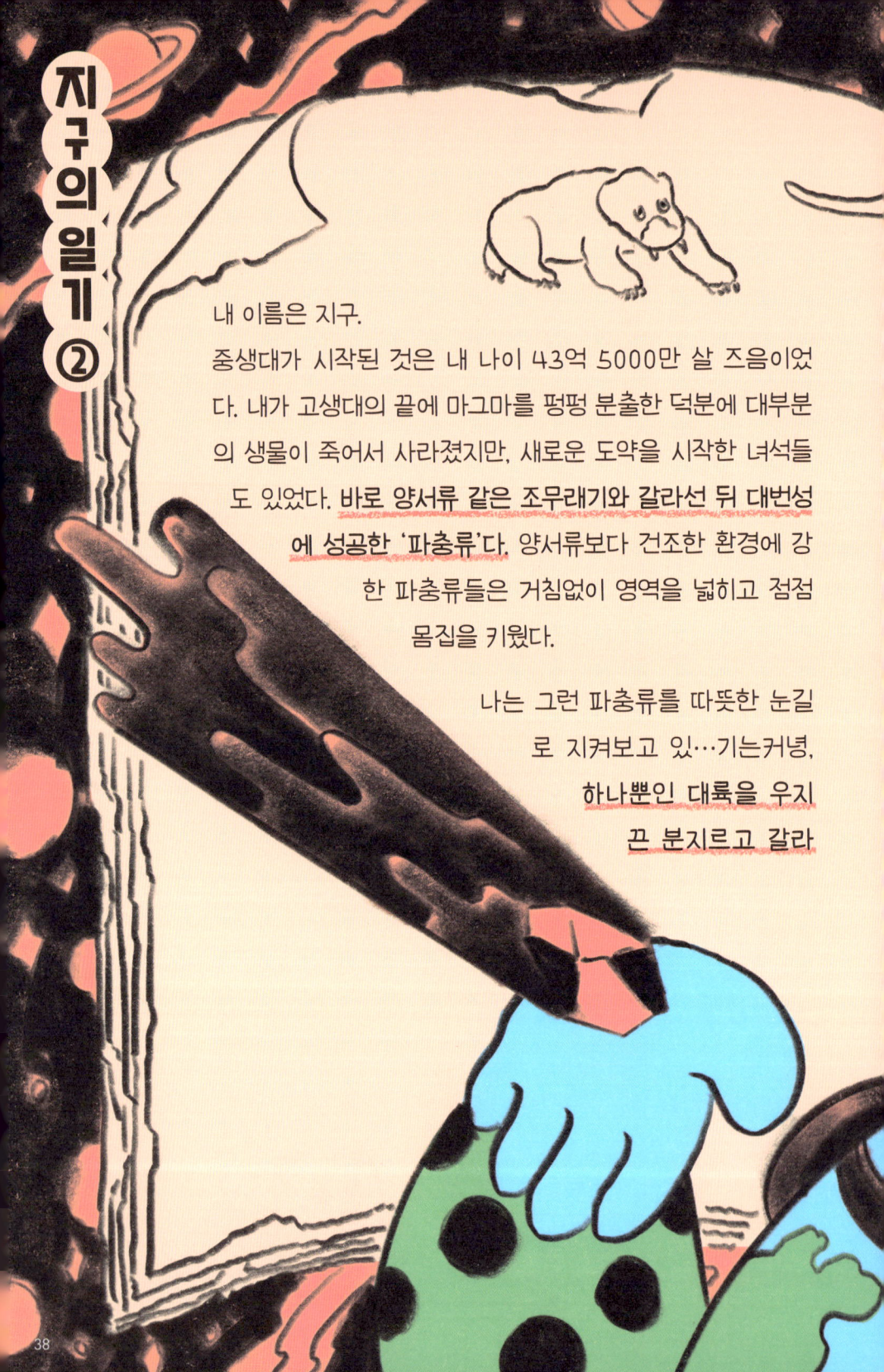

지구의 일기 ②

내 이름은 지구.

중생대가 시작된 것은 내 나이 43억 5000만 살 즈음이었다. 내가 고생대의 끝에 마그마를 펑펑 분출한 덕분에 대부분의 생물이 죽어서 사라졌지만, 새로운 도약을 시작한 녀석들도 있었다. 바로 양서류 같은 조무래기와 갈라선 뒤 대번성에 성공한 '파충류'다. 양서류보다 건조한 환경에 강한 파충류들은 거침없이 영역을 넓히고 점점 몸집을 키웠다.

나는 그런 파충류를 따뜻한 눈길로 지켜보고 있…기는커녕, 하나뿐인 대륙을 우지끈 분지르고 갈라진 틈새로 마그마를 뿜어 버렸다! 누구도 나의 변화를 막을 수 없지.

파충류는 그래도 약해지지 않고 세력을 뻗어 나갔다.

결국 육지는 공룡, 바다는 어룡과 수장룡, 하늘은 프테라노돈 같은 익룡이 접수해서 어디를 둘러봐도 파충류 세상인 지경에 이르렀다.

정말로 대단한 놈들이다. 일단 이대로 지켜보자…라고 한 발 물러섰더니, 난데없이 우주에서 거대한 운석이 날아와 부딪혀서 모두 멸종했다. 글쎄, 이번 멸종은 내 탓이 아닌 것 같은데?

지구 씀

오줌을 너무 많이 싸서 멸종

잘 찾아왔다, 내가 바로 파솔라수쿠스다. 그리 쑥스러워할 필요 없다. 아, **내가 오줌을 싸고 있어서 그렇군.** 하지만 나는 오줌 참을 마음이 눈곱만큼도 없다. 세상의 모든 것은 항상 변화하니, 단 한 순간도 똑같지 않다. 예를 들면, **나는 빨리 달릴 수 있는 다리와 산소를 효율적으로 보관하는 공기주머니(기낭*)를 손에 넣은 덕분에 육지의 왕자가 되었다.** 하지만 나의 영광은 영원하지 못했으니. 지구 환경이 싹 바

파솔라수쿠스

쏴아아아아

2 중생대에 멸종

꿔고 말았거든.

대지는 바싹 마르고, 많은 생물이 멸종했다. 나는 물이 조금이라도 남아 있는 장소로 이동하려고 했으나, 말라비틀어진 대지가 너무나 광활했다. **엎친 데 덮친 격으로 나는 오줌을 참지 못한다.** 어찌하면 좋으랴, **멸종도 오줌도 내 의지와 상관없이 찾아오는 것을.** 한번 오줌을 싸기 시작하면 멈출 방법이 없다.

(*기낭 : 폐에 공기를 흘러보내 일정하게 산소를 공급할 수 있는 펌프 같은 기관. 몸을 가볍게 하는 효과도 있다.)

금쪽같은 수분이….

이럴 걸 그랬어

몸속 수분도 아껴 쓰는 검소함이 내게 있었다면, 어쩌면…

멸종 시기	트라이아스기 후기
분류	파충류
크기	전체 길이 10m
서식지	남아메리카
먹이	공룡

지금보다 산소가 희박했던 트라이아스기에 대번성한 생물이 대형 파충류에 속하는 크루로타르시 종류다. 그중에서도 파솔라수쿠스는 원시 공룡을 잡아먹는 최강의 포식자였다. 하지만 다음 시대인 쥐라기에는 무슨 이유에서인지 공룡이 그 자리를 대신 차지했다. 그 이유에 대해서 파솔라수쿠스가 오줌을 통해 몸 밖으로 내보내는 수분이 너무 많아서 트라이아스기 말의 건조한 기후를 이겨내지 못했기 때문이라고도 하는데, 단순히 운이 나빴을 뿐이라는 설도 있다.

| 선캄브리아기 | 고생대 | | | | | | 중생대 | | | 신생대 | | |
| | 캄브리아기 | 오르도비스기 | 실루리아기 | 데본기 | 석탄기 | 페름기 | 트라이아스기 | 쥐라기 | 백악기 | 고제3기 | 신제3기 | 제4기 |

숨이 막혀서 멸종

리스트로사우루스

- Ⓐ 수고하셨습니다~.
- Ⓑ 고생했어요~. 어라? 왠지 기운이 없어 보이네?
- Ⓐ 아, 아닙니다. 요즘 숨쉬기 힘들어서요….
- Ⓑ 하긴 산소가 별로 없긴 하지.
- Ⓐ 트라이아스기가 시작된 무렵에는 살 만했는데 말이에요.
- Ⓑ 그런가? 굴 밖으로 나와 보니 전부 멸종하고, 아무것도 없지 않았어?
- Ⓐ 그건 그렇지만, 주변에 천적도 라이벌도 없어서 좋았어요.

2 중생대에 멸종

- B 아~ 그건 맞는 말이네. 그런데 최근에 새로운 육식 파충류가 우르르 나타나고 있어.
- A 맞아요. 죽어라 달려서 도망가 봤자 금세 숨이 차서 결국 붙잡혀요.
- B 우리는 **콧구멍도 폐도 크니까** 산소가 조금 없어도 괜찮다고 큰소리쳤었는데 이것 참.
- A 이제 저는 굴 밖으로 나오고 싶지도 않아요!
- B 그러게~. 어느 시대를 살아도 경쟁은 피곤하네.

멸종 시기	트라이아스기 전기
분류	단궁류
크기	전체 길이 1m
서식지	아프리카, 유럽, 아시아, 남극
먹이	양치식물

이럴 걸 그랬어
안전한 굴에서 나오지 않고 살아갈 방법을 알고 싶었어요.

내가 살 곳은 지하 굴!

리스트로사우루스는 고생대 말에 일어난 대멸종에서 운 좋게 살아남아, 천적도 경쟁 상대도 사라진 환경 속에서 광범위하게 서식지를 넓혔다. 하지만 당시는 산소 농도가 낮았기 때문에 활발하게 움직이기는 어려웠을 것이다. 그러던 중 기낭*이라는 진화한 호흡 기관으로 산소 농도가 낮은 환경에 적응한 크루로타르시 종류의 파충류가 나타나자, 보금자리를 빼앗기고 사냥당해서 멸종했다고 짐작된다.
(*40쪽)

선캄브리아기	고생대						중생대			신생대		
	캄브리아기	오르도비스기	실루리아기	데본기	석탄기	페름기	트라이아스기	쥐라기	백악기	고제3기	신제3기	제4기

43

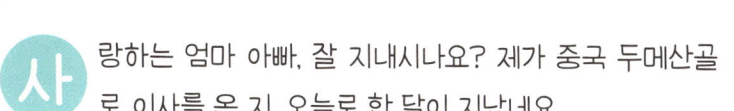

2 중생대에 멸종

사랑하는 엄마 아빠, 잘 지내시나요? 제가 중국 두메산골로 이사를 온 지, 오늘로 한 달이 지났네요.

제가 요즈음 어떻게 지내는지 말씀드릴게요! 어제는요, 높은 나무 위에서 스무 번이나 뛰어내리며 나는 연습을 했어요! 공중에서 벌레를 잡아먹기도 했어요. 이곳은 먹음직스러운 벌레가 잔뜩 있어요! 그래서 저는 이 숲이 마음에 쏙 들어요!

그러고 보니 저 말고도 비행 연습을 하는 친구가 또 있었어요. 그 친구는 온몸이 깃털로 덮여 있고 매우 가벼워 보였어요. 저는 사실 아직 잘 못 날거든요. 역시 비막보다 깃털 날개가 하늘을 날 때 유리할까요?

어휴…, 정신 똑바로 차려야겠어요. 저도 모르게 약한 소리를 하고 말았네요. 세계에서 처음으로 '하늘을 나는 공룡이 되자'라고 결심했는데 말이에요. 믿어 주세요. 언젠가 제 힘으로 날개를 펄럭이며 하늘을 날 테니까요! 아이쿠, 어느새 시간이 많이 늦었네요. 이런저런 사건 사고도 있지만, 저는 잘 지내고 있으니 걱정 마세요.

멸종 시기	쥐라기 후기
분류	파충류
크기	전체 길이 60cm
서식지	중국
먹이	곤충

이럴 걸 그랬어
아무래도 깃털 날개 쪽이 날기 쉬웠던 것 같아. 완전 망했어!

쥐라기 후기의 새가 될 뻔한 공룡 화석이 많이 발견되었다. 공룡 중 새에 가까운 마니랍토라 종류인 이치는 몸에는 깃털이 자랐지만, 날개는 박쥐처럼 비막으로 이루어져 있었다. 게다가 날갯짓을 할 만큼의 근육이 없어서 비행이라기보다 날다람쥐처럼 활강하는 정도에 머물렀을 것으로 생각된다. 결국 하늘을 난 공룡은 깃털 날개를 가진 종류였으며, 이치의 비막은 자손에게 전해지지 않았다.

걸음이 느려서 멸종

헤노두스

> 뭐야? 조난? 그보다 남의 얼굴을 너무 빤히 들여다보는 거 아닌감. 지금 쉬는 중이라 그런 시선은 좀 부담스러운데.

아이고~ 힘들어 죽겠다! **뭐가 힘드냐고? 걷는 거지 뭐겠어.** 땅 위로 올라가야 된다는 건 알겠는데, 나 걷는 거 진짜 소질 없거덩. **이렇게 짧은 다리로 100kg(킬로그램)이나 지탱할 수 있을 리 없잖아?** 앗 실수, 어쩌다 몸무게를 밝히고 말았네.

원래 우리 집안이 바다에 먼저 자리 잡고 떵떵거리며 잘 살아왔는데, **나중에 나타난 어룡*이 갑자기 바다가 자기 구역이라며 활개치고 다니는 거 있지.** '발견하면 잡아먹겠음' 같은 험악한 말을 해대니까 내 입장에서는 '쟤네 제정신인가?' 싶은 어처구니없는 느낌도 들더라고. '절이 싫으면 중이 떠나야지'라는 생각으로 바다를 포기하고 여기까지 오게 된 거야.

그런데 막상 육지에 올라가려고 하니 **몸은 꿈쩍도 안 하고, 악어 비스름한 육지 선배한테 잡아먹힐 것 같고,** 오도 가도 못 하는 최악의 상황에 빠졌어. 질문 하나 해도 될까? 중력이 뭐야? 그런 것이 몸으로 느껴진다는 얘기는 듣도 보도 못했어. 혹시 사기 아니야?

*<이유가 있어서 멸종했습니다> 28쪽

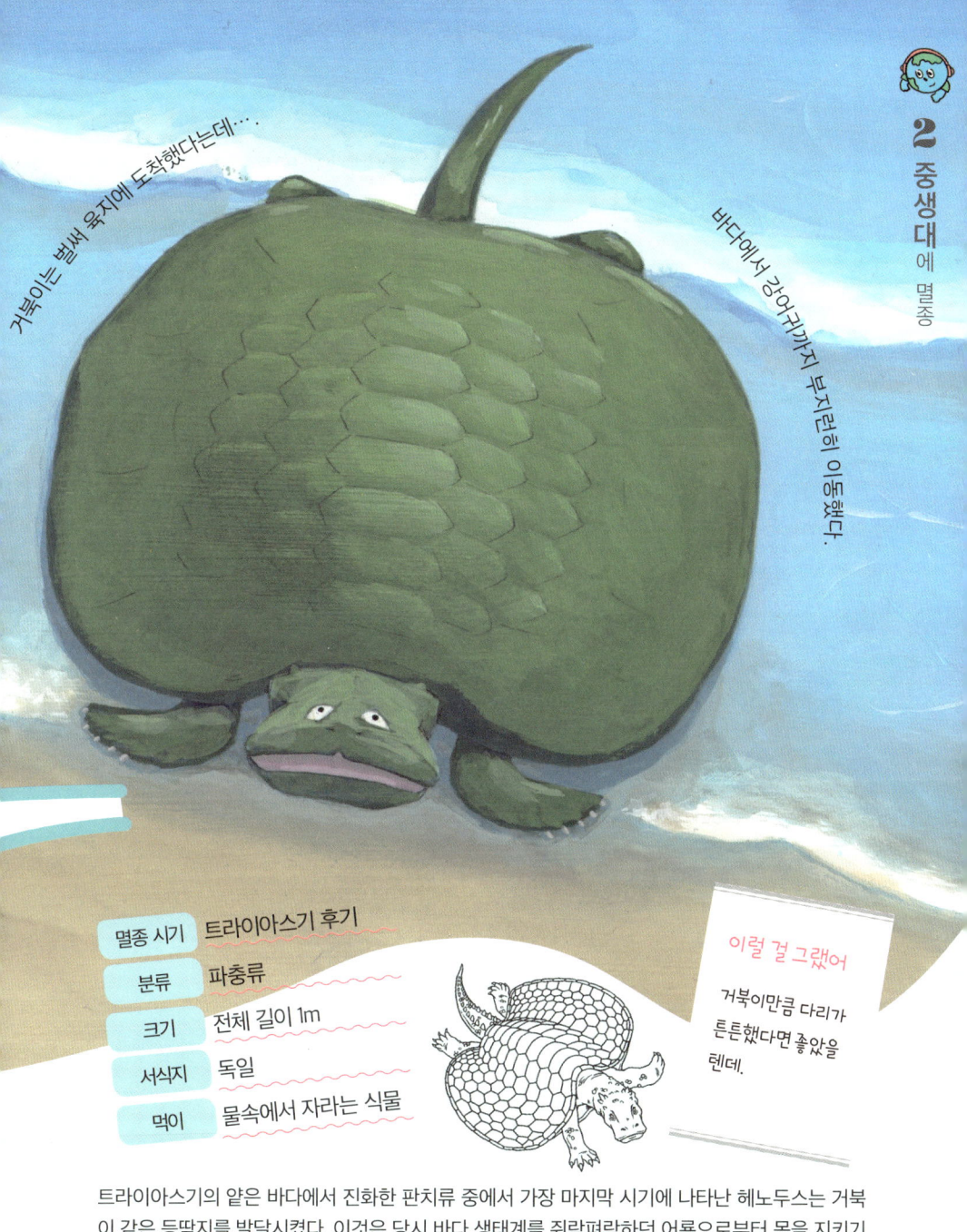

2 중생대에 멸종

거북이는 벌써 육지에 도착했다는데….

바다에서 강어귀까지 부지런히 이동했다.

멸종 시기	트라이아스기 후기
분류	파충류
크기	전체 길이 1m
서식지	독일
먹이	물속에서 자라는 식물

이럴 걸 그랬어
거북이만큼 다리가 튼튼했다면 좋았을 텐데.

트라이아스기의 얕은 바다에서 진화한 판치류 중에서 가장 마지막 시기에 나타난 헤노두스는 거북이 같은 등딱지를 발달시켰다. 이것은 당시 바다 생태계를 쥐락펴락하던 어룡으로부터 몸을 지키기 위한 진화였다는 주장이 있다. 헤노두스는 어룡에게서 도망치기 위해 바다에서 강어귀로 서식지를 옮겼지만, 물속에서의 생활이 너무 길었던 탓에 몸무게를 지탱하는 다리에 힘이 없어서 상륙하지 못하고 멸종했을지도 모른다.

선캄브리아기	고생대						중생대			신생대		
	캄브리아기	오르도비스기	실루리아기	데본기	석탄기	페름기	트라이아스기	쥐라기	백악기	고제3기	신제3기	제4기

47

거대 공룡이 멸종해서 멸종

알로사우루스

스테고사우루스도 꽃맛○

아 파토 씨! 아파토사우루스 씨 어디에 있나요? 만나고 싶어요, 만나고 싶다고요.

빨리 아파토 씨의 넓은 가슴에 뛰어들고 싶어요. 당신의 **길고 아름다운 목을 힘껏 깨물고 싶어요. 나의 칼날 같은 이빨로** 피가 날 때까지 열 번이든 백 번이든 물고 늘어지고 살점을 뜯어내서 평생 나를 잊지 못하게 만들어 줄게요.

*<이유가 있어서 멸종했습니다> 146쪽

2 중생대에 멸종

그런데 어째서? **어째서 모습을 감추었나요, 아파토 씨.** 우리는 몇십만 년이나 함께 있었잖아요. 당신이 있었기에 나도 이렇게 커질 수 있었어요. **당신이 아닌 작은 공룡으로는 간에 기별도 안 가요.** 아파토 씨가 사라지면 나는 죽은 목숨이에요. 그런데도 먼저 떠나 버리다니. 나는 슬퍼요. 이렇게 나를 슬프게 만든 당신을 절대로 용서할 수 없어요.

도망쳐도 소용없어요. 지구 끝까지 쫓아가서, **반드시 또 당신을 잡아먹고 말 거예요.**

멸종 시기	쥐라기 말기
분류	파충류
크기	전체 길이 9m
서식지	북아메리카, 유럽, 아프리카
먹이	용각류 등의 공룡

이럴 걸 그랬어

다른 공룡에도 관심을 가졌어야 했나 봐요.

아아, 사랑스러운 아파토사우루스 님…♡

알로사우루스는 쥐라기를 대표하는 육식 공룡이다. 무는 힘은 그리 세지 않았지만, 예리하고 뾰족뾰족한 톱니 모양 이빨은 먹잇감의 피부나 살점을 찢는 데 꼭 알맞았다. 알로사우루스는 강력한 이빨을 무기로 아파토사우루스 같은 대형 공룡(용각류)의 고기를 뜯어내는 방식으로 사냥을 해 왔던 것 같다. 하지만 쥐라기 말기에 북반구에 살던 용각류의 숫자가 감소하자, 먹이가 적어진 알로사우루스는 굶주리다가 멸종한 것으로 짐작된다.

바다에 독이 퍼져서 멸종

모사사우루스

암모나이트

이래 봬도 도마뱀과 친척이야!

2 중생대에 멸종

지금까지 나의 이빨은 먹잇감의 급소를 백발백중으로 공격했다. 그런데 어느 암모나이트의 껍데기를 깨부수려던 순간, 정체를 알 수 없는 싸늘한 기운이 나를 덮쳤다.

'······'

이 녀석은 위험하다! 믿을 수 없었다. 나에게 암모나이트 사냥은 누워서 떡 먹기만큼 쉬운 일인데, 본능이 보내는 위험 신호라니. 안 그래도 찜찜한데 저 녀석의 냉정한 표정은 또 뭐지…?

극한까지 압축된 찰나의 시간 속에서 나는 태어나 처음으로 깊게 고민했다. 그리고 깨달았다. 이 녀석은 죽음을 받아들였다는 사실을! 몇 년 전, 지구에 운석이 충돌한 여파로 독가스가 발생했다. 가스는 독성비가 되어 쏟아졌다. 그것이 원인이 되어 바닷속의 플랑크톤 같은 생물이 멸종했다. 그리고 플랑크톤을 먹고 사는 물고기나 암모나이트도 덩달아 멸종하고 말았다.

더 일찍 눈치챘어야 했다. 이 녀석은 마지막 남은 한 마리라는 것을. 그리고 다음 멸종은 내 차례라는 것을! 사냥을 시작하기 전부터 이미 정해져 있는 운명이었던 것이다.

멸종 시기	백악기 후기
분류	파충류
크기	전체 길이 18m
서식지	북반구의 바다
먹이	암모나이트, 물고기

이럴 걸 그랬어
환경이 안정될 때까지 겨울잠이라도 잘 걸 그랬다.

모사사우루스는 최대 길이 18m, 몸무게 20t(톤)에 이르는 몸집을 가졌으며, 백악기 후기 바다에서 견줄 동물이 없는 최강의 포식자였다. 그런데 백악기 후기에 거대 운석이 지구에 떨어지자, 바다 환경도 빠르게 변했다. 운석이 떨어진 곳에는 유황 성분이 많이 녹아 있었고, 충돌의 충격으로 증발한 유황이 황산 가스로 변해 산성비가 되어 쏟아져 내렸다. 이 현상으로 얕은 바다의 생물이 멸종하고 모사사우루스도 멸종했다.

선캄브리아기	고생대						중생대			신생대		
	캄브리아기	오르도비스기	실루리아기	데본기	석탄기	페름기	트라이아스기	쥐라기	백악기	고제3기	신제3기	제4기

볏이 너무 길어서 멸종

형 쫴액! 바람이 장난 아니네! 헐~ 앞이 안 보여!
동생 무서워 형아!
형 야! 무슨 그런 약한 소리를 하냐! 바다를 건너가야 저쪽 동네 아가씨들한테 우리의 훌륭한 볏을 보여 줄 거 아냐! 고고(GO GO)!
동생 그 전에 바람에 휩쓸려서 바다로 곤두박질치면 어떡해!
형 이런 겁쟁이! 이 커다란 볏은 말이지, 남자 중의 남자라는 증거라고 했잖아!?
동생 형아 나 어떡하지?

닉토사우루스

바람에 휘말릴 수밖에 없어!

2 중생대에 멸종

형 아가씨들한테 잘 보이려면 활짝 펼치고 가야 한다고! 형의 자랑스러운 볏은 말이지, 어릴 때부터 애지중지하며 길러서 1m나 되지! **지금은 머리뼈보다 크지롱!**

동생 그런 거 안 물어봤거든! 내 말 좀 들어 줘!

형 그러니까! 사랑을 얻지 못하면 사는 의미도 없는 거 아니냐고, 애송이 녀석아!

동생 그게 아니라! 형아, 나 **바람에 휘말려서 몸이 뒤집혔어!**

형 으악! 나도! 앞이 안 보여!

동생 형아! 나는 틀렸어, 버리고 가!

볏의 막이 없었다는 주장도 있다.

사실 이것이 네 번째 손가락

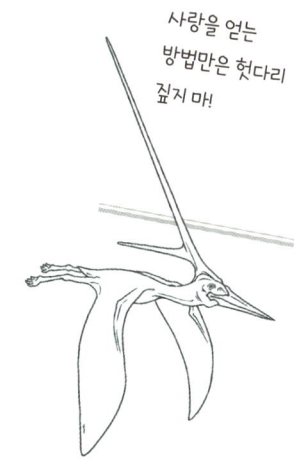

이럴 걸 그랬어

사랑을 얻는 방법만은 헛다리 짚지 마!

아아아앗~

멸종 시기	백악기 후기
분류	파충류
크기	날개를 펼쳤을 때 3m
서식지	북아메리카
먹이	물고기

새보다 일찍 하늘을 날아다닌 척추동물이 익룡이다. 익룡은 진화하면서 머리뼈가 자라 머리 위에 볏이 생겼는데, 그중에서도 닉토사우루스의 볏이 가장 컸다. 암컷에게 잘 보이기 위해 커다란 볏을 가졌을 거라는 주장이 있다. 하지만 지나치게 큰 볏은 오히려 생활하기 불편해서 번성하지 못하고 멸종했을지도 모른다.

선캄브리아기	고생대					중생대			신생대		
	캄브리아기	오르도비스기	실루리아기	데본기	석탄기	페름기	트라이아스기	쥐라기	백악기	고제3기	신제3기	제4기

2 중생대에 멸종

심각한 이야기 좀 해도 될까? 이거 무엇으로 보이니? 맞아, 딱지야. <mark>내 딱지는 배에 붙어 있어.</mark> 그런데 등 뒤에 천적이 도착해 있네, 이미. 입을 벌리고 기다리고 있어.

<mark>지금 도망쳐 봐야 소용없어.</mark> 난 배딱지가 걸리적거려서 빨리 헤엄칠 수 없거든. 등은 보호 장비가 없어서 말랑말랑하니까 물리면 바로 굿바이~ 저세상이야~. 완전 위험해!

천적은 보통 뒤에서 덮치는데 내 딱지는 배에 붙어 있어, 말이 되니. <mark>내가 딱지가 붙어 있는 최초의 거북이니까,</mark> 어쩔 수 없는 시행착오이자 개척자의 운명이라고 치자. 하지만 <mark>속에 들어가 숨지도 못하는 딱지라니 한숨이 절로 나온다, 정말….</mark> 그런 이유로 난 잠깐 잡아먹히고 올게! 잘 알아들었지? 너는 나같이 되지 않길 바란다! 그럼 이만!

멸종 시기	트라이아스기 후기
분류	파충류
크기	전체 길이 40cm
서식지	중국
먹이	알 수 없음

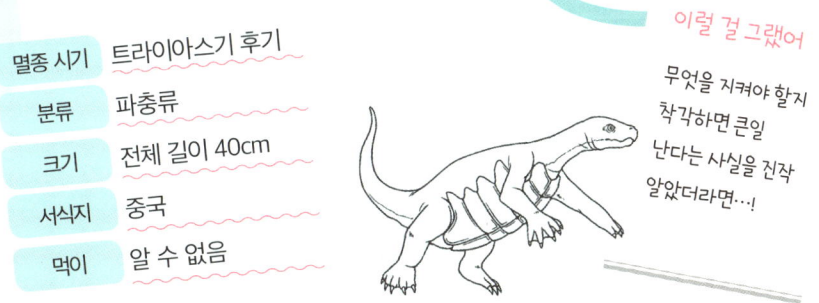

이럴 걸 그랬어
무엇을 지켜야 할지 착각하면 큰일 난다는 사실을 진작 알았더라면…!

2억 2800만 년 전에 살았던 가장 오래된 거북이에게는 아직 딱지가 없었다. 하지만 그로부터 800만 년 뒤에 등장한 오돈토켈리스에게는 딱지가 있었다. 하지만 배에만 있었다. 아르마딜로나 고슴도치는 등 부분의 방어력을 높였지만, 거북이는 우선 배를 보호하도록 진화했던 모양이다. 하지만 어중간한 배딱지는 몸을 지키기에 충분하지 않았고, 등딱지를 갖춘 거북이가 나타나자 경쟁에 밀려 멸종했을 것으로 생각된다.

선캄브리아기	고생대					중생대			신생대		
	캄브리아기	오르도비스기	실루리아기	데본기	석탄기	페름기	트라이아스기	쥐라기	백악기	고제3기	신제3기	제4기

 총정리

2 중생대에 멸종

안녕하세요! 이번에는 새가 아닌지 의심 받는 화제의 생물 롱기스쿠아마의 몸길이 및 새와의 관계, 등에 자란 깃털에 대해서 조사해 보았습니다!

전체 길이는? 의외로 몸집이 작다?

 화석을 조사한 결과, 대체로 20cm라는 사실이 밝혀졌습니다. 일본의 토종 도마뱀인 다섯줄도마뱀과 비슷한 크기라서, 별로 큰 생물은 아니군요. 유감이네요.

새와 관계가 있다는 소문은 사실인가?

 깃털이 있어서 '새의 조상 아닐까?'라는 소문이 무성한 롱기스쿠아마. 하지만 깃털을 제외하면 새와 공통점이 하나도 없는 것으로 보아 헛소문인 듯합니다.

깃털은 어떻게 사용하나?

 15cm나 되는 깃털 날개를 사용해서 우아하게 하늘을 누볐을 줄 알았더니, 사실은 날갯짓은 전혀 할 수 없었던 모양입니다! 무엇을 위해 존재하였는지에 대해 조사했지만 끝내 알아낼 수 없었습니다.

궁금증이 조금은 풀리셨나요? 우리는 앞으로도 롱기스쿠아마에게서 눈을 뗄 수 없을 것 같습니다!

1/1

멸종 시기	트라이아스기 후기
분류	파충류
크기	전체 길이 20cm
서식지	중앙아시아
먹이	곤충

이럴 걸 그랬어
언젠가 날 수 있을 거라고 믿고 싶어요.

조류의 깃털은 모두 똑같은 모양인 점으로 미루어, 깃털을 가진 하나의 선조에게서 저마다 다르게 진화했을 가능성이 높다. 깃털을 가진 가장 오래된 동물로 알려진 것은 쥐라기 후기의 공룡이다. 그런데 그보다 한참 전인 트라이아스기에 깃털과 비슷한 것을 가진 파충류가 있었다. 바로 롱기스쿠아마. 다만 깃털을 가진 화석이 지금까지 한 개체만 발견되어, 깃털의 역할에 대해서는 명확하게 밝혀지지 않은 상태이다.

온몸이 구워 삶아져서 멸종

내가 좀 야단스러웠죠, 미안해요…. **더워서 그랬어요.**

내 몸을 지키기 위해서 몸을 거대하게 키우기 시작했어요. 육식 공룡들의 덩치가 점점 커지니까, 이대로라면 꼼짝없이 당할 것 같아서 무서웠어요. **그래서 나도 몸집을 키웠더니, 어느새 세계에서 가장 큰 공룡이 되었어요.** '나는 강해!'라는 생각이 들어서 신나기도 했어요.

아르젠티노사우루스

2 중생대에 멸종

하지만… 솔직히 무리했던 것 같아요. **내 몸은 기낭*이라는 공기주머니 때문에 일시적으로 부피가 늘어난 상태예요.** 몸속에 풍선이 가득 들어 있다고 생각하면 얼추 비슷할 거예요. **목과 꼬리가 너무 길어지면 넘어졌을 때 다시 일어나지 못할 수도 있다**는 사실을 알고 있었어요. 하지만 센 척하느라 몸집 키우는 걸 멈출 수 없었어요.

그랬더니 세상에나, 몸이 너무너무 커져서 체온이 안 내려가는 문제가 생길 줄은 꿈에도 생각하지 못했어요. **평균 체온이 50℃ 가까이 돼서 죽을 만큼 힘들어요.** 불덩이처럼 뜨거워졌어요.

*40쪽

멸종 시기	백악기 후기
분류	파충류
크기	전체 길이 35m
서식지	아르헨티나
먹이	식물

이럴 걸 그랬어
몸집이 크면 클수록 좋을 줄 알았는데…
그게 아니라는 걸 진작 알았더라면…

사실은 땀도 흘리지 못해.

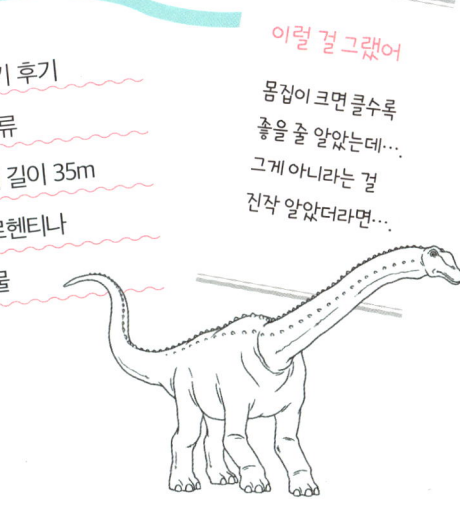

아르젠티노사우루스는 전체 길이 35m, 추정 몸무게 73t에 달하여 육상 동물 중에서 넘볼 수 없는 크기를 자랑했다. 그래서 다 자라면 적이 없었을 것으로 생각되지만, 의외의 약점이 있었다. 몸이 지나치게 큰 탓에 열이 몸속에 갇히게 되어 한 번 체온이 오르면 좀처럼 떨어지지 않았다. 그래서 더운 날이 계속되자 자기 체온에 쩌 죽었을지도 모른다.

선캄브리아기	고생대					중생대			신생대		
	캄브리아기	오르도비스기	실루리아기	데본기	석탄기	페름기	트라이아스기	쥐라기	백악기	고제3기	신제3기	제4기

59

강해 보이는데 약해서 멸종

맞습니다. 작년에는 오른발을 다치는 바람에 만족스러운 성과를 내지 못했지만, 올해에는 체력을 기르려고 많이 노력했습니다. 그 결과 체중은 2t까지 늘었고, 몸도 4m로 커져서 보람을 느낍니다. 물론 수영은 여전히 느려서 해결해야 할 숙제입니다. 하지만 걱정할 정도는 아닙니다. 어차피 나의 방어 범위는 얕은 바다뿐이라서 깊은 곳에는

틸로사우루스 무리

아르케론

2 중생대에 멸종

가지 않습니다. **확실히 최근에는 덩치 큰 상어*나 수장룡이 근처에 나타나는 일이 많아지기는 했지만,** 나와는 종류가 다른 부류니 마음 쓰지 않아도 됩니다. 묵묵히 나의 체력을 기른다면 포지션을 빼앗기는 일은 없을 것이라고… 생각합니다.

등딱지가 보기와 달리 부드러워서 내년에는… 더욱더 단단하게 만들고 싶네요. 물리면 끝장이기 때문에 늘 조심해야 합니다.

*150쪽

이럴 걸 그랬어

몸집 말고도 튼튼하게 해야 할 부분이 많습니다.

멸종 시기	백악기 후기
분류	파충류
크기	전체 길이 4m
서식지	북아메리카 바다
먹이	암모나이트

아르케론은 역사상 가장 큰 거북이며 머리부터 발끝까지의 길이가 4m, 앞발을 양쪽으로 펼쳤을 때도 4m라는 거대한 몸을 갖고 있었다. 그러나 백악기 후기의 바다에는 훨씬 큰 수장룡이나 틸로사우루스 같은 모사사우루스(50쪽)류 생물, 대형 상어가 도사리고 있었기 때문에 아르케론이 무적은 아니었다. 심지어 헤엄이 빠르지 않아서 대형 사냥꾼에게는 안성맞춤의 먹잇감이었을지도 모른다.

머리와 다리를 등딱지 속에 집어넣을 수 없음

쉬어가기 ❷ 돌연변이의 노래

이심전심 유전자 통신

• 노래 : 탄군 패밀리 • 작사 : DJ 탄군 • 작곡 : 폭주 DNA머신   5.1만 회 재생 **좋아요** 3008명

HEY YO! 변이! 몸이 이상해?
걱정은 넣어 둬 그것은 돌연변이 YEAH

어느 날 태어났지 돌연, 나를 본 녀석들은 혼란
엄마&아빠와 전혀 다른 몸이 출현
그러니까(어쩌라고) 나의(미래) 지금부터 출발

WOW WOW 어째서 남들과 다른 거야?
그것은 내 몸의 설계도가 조금 변화했기 때문
엄마가 낳을 때 출력 오류 일어났지
실패인가? 혁명인가? 아무도 모르지

돌연변이는 하하하하 하이 리스크
대부분의 변이는 자기 몸에 불이익
대부분은 금방 죽어 완전 위험해!
하지만 완전 드물게 일어나는 울트라 기적
엄마 아빠보다 자손을 엄청 많이 남길 거야(기적)

WOW WOW 남들과 다르면 틀린 거야?
돌연변이라서 실패할지
새로운 능력자가 될지 결정하는 것은 100% 운
행복인가? 절망인가? 아무도 모르지

HEY YO! 변이! 일생일대의 목숨 건 도박!
나의 미래, 나의 시대 어느 날 돌연히 변이시켜
버릴 거야.

3
신생대에 멸종

～～ 엉터리 진화는 힘들어!

끊임없이 변화하는 지구 환경, 반복되는 번성과 멸종.
시련은 계속해서 찾아옵니다.
눈앞에 새로운 환경이 펼쳐질 때마다
갈팡질팡하면서 헤쳐 나가고 있습니다.

지구의 일기 ③

나는 지구. 여러 가지 사건 사고를 겪으면서 나도 어른이 되었다. <u>공룡이 사라진 뒤 주인이 없어진 땅을 차지한 다음 선수는 누구일까?</u>

이번 경쟁에서 맞붙은 생물은 조류와 포유류. 마침내 육지를 손에 넣은 것은 포유류였다! 조류는 '하늘을 나는 능력'이 강점이었지만, 날기 위해 몸을 가볍게 해야 하는 바람에 덩치 키우기에는 적합하지 않은 몸이 되었다.

한편 포유류는 땅 위에서 닥치는 대로 먹어 치우더니 점점 거대한 존재가 되었다. <u>이런 식으로 포유류는 육지의 지배자가</u>

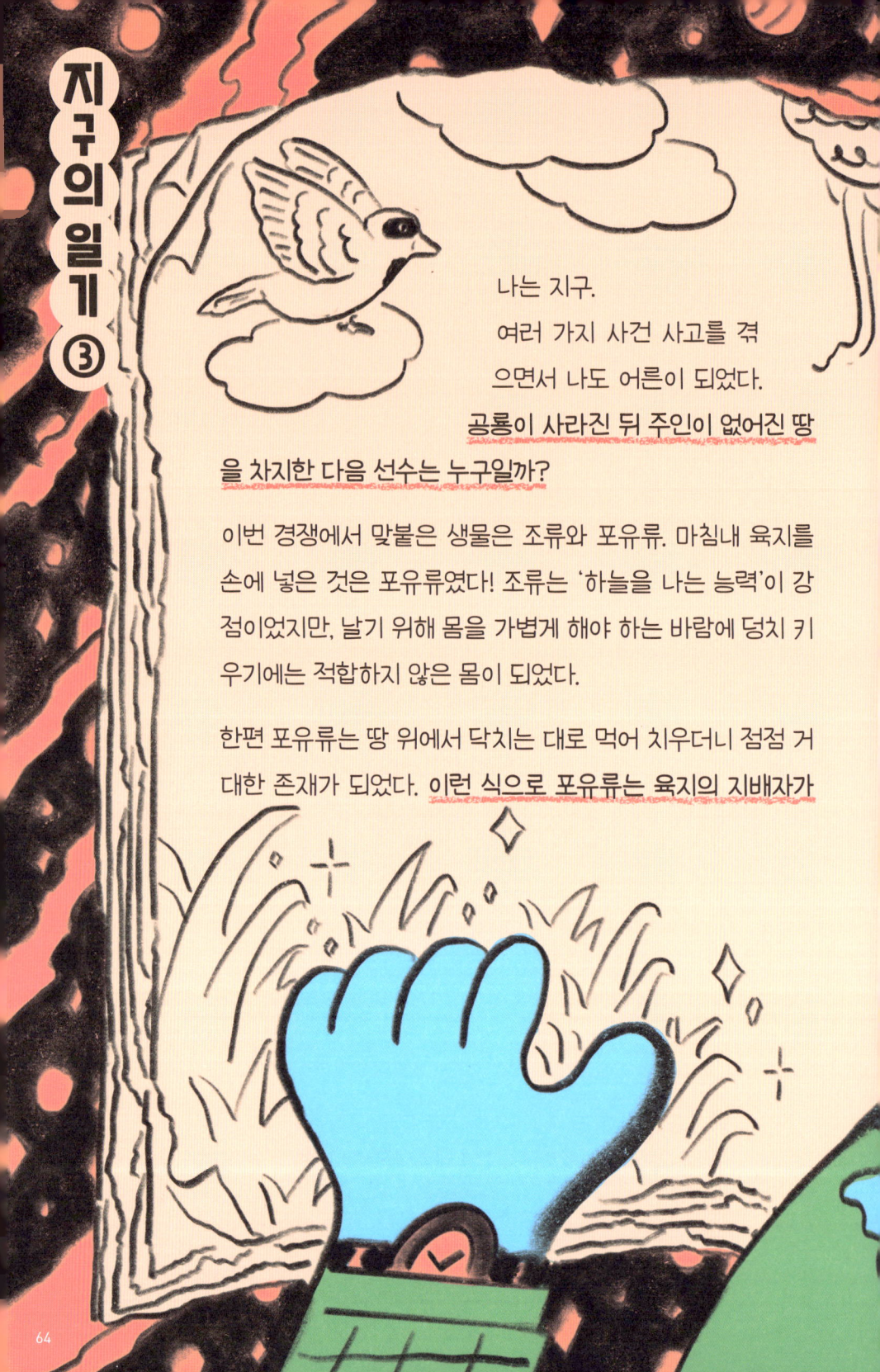

되었고 하늘과 바다까지 진출했지만, 새로운 시련이 그들을 기다리고 있었다.

내가 나이를 먹은 탓인지 바싹바싹 메말라 버렸던 것이다…. 그들의 보금자리였던 숲이 급격하게 줄어들고, '초원'이 새로 생겼다. 초원에서 살아남기 위한 경쟁이 또다시 시작되었다!

지구 씀

3 신생대에 멸종

이 빨이 갈려서 닳아 작아지는 불쾌감…. 콧속에 퍼지는 풋내…. 입안에 맴도는 질긴 풀 줄기의 느낌…. 풀이란 정말이지 불쾌한 음식이 아닌가!

최근 숲은 줄어들고 초원이 넓어져서 어쩔 수 없이 풀을 먹기 시작했네만, 촌사람들은 잘도 이런 걸 밥이라고 먹었구려. 나는 누가 뭐라 해도 부드러운 나뭇잎을 고집할 것이네.

나의 아름다운 이빨은 억센 풀 따위와 어울리지 않지. 이빨은 단단하지 않아서 오래 씹으면 금방 닳아 없어지고 말 것이야.

고귀한 짐승에게 이빨은 목숨처럼 소중하다네. 한번 빠지면 다시 나지 않으니. 들판에 널리고 널린 하찮은 짐승 취급일랑 하지 말길.

오호라, 코끝의 뿔에 자꾸 눈길을 빼앗기는군. 이 뿔로 말할 것 같으면 전투 무기가 아니라, 아리따운 암컷의 마음을 빼앗는 사랑의 무기라네. 알파벳 Y자 모양, 멋지지 않은가? 그게 전부지만 말일세.

멸종 시기	신제3기(플라이오세 전기)
분류	포유류
크기	몸길이 2m
서식지	북아메리카
먹이	나뭇잎

이럴 걸 그랬어
풀을 부드럽게 삼킬 방법을 연구했어야 했나?

신테토케라스는 낙타와 가까운 우제류(발굽이 있는 동물)다. 뿔 달린 생물이 많은 우제류 중에서도 신테토케라스의 뿔은 특히나 눈에 띈다. 소처럼 머리 위로 뿔이 자라고 코에도 길쭉한 Y자 모양 뿔이 났다. 암컷은 뿔이 자라지 않은 점으로 미루어 보아 수컷끼리 외모 경쟁을 벌였을 것으로 생각된다. 그러나 뿔이 남다르게 발달한 것에 비해서 질긴 풀을 먹기 위한 이빨은 거의 진화하지 않아, 초원이 넓어진 환경 변화에 적응하지 못하고 멸종한 것 같다.

이빨이 거꾸로 자라나서 멸종

부드러운 이파리가 좋아 ♥

데이노테리움

3 신생대에 멸종

아아아아아아아악, 미치겠네! 진짜 짜증 나! 어째서? 왜? 내 엄니는 거꾸로 자라는 거야? 아무리 봐도 내 몸을 찌르는 방향이잖아! 머리 싸매고 고민해도 이해가 안 돼…. 완전히 황당 그 자체야. 내 이빨을 보고 '강가에서 잘 때 강물에 떠내려가지 않으려고 땅에 이빨을 말뚝처럼 박고 잤을 거야'라고 헛소리를 늘어놓는 사람도 있다지? 그 얘기가 진짜면 나는 완전 요괴잖아. 민망해서 얼굴을 들고 다닐 수가 없어!

엄니로 개성 끝판왕 소리를 듣기 전에 어금니를 진화시켰어야 했어. 나뭇잎만 먹고 앉아 있을 일이 아니었다고!

내 이빨은 생긴 것만 그럴싸하고 약하기 짝이 없어서 풀 뜯어 먹는 건 꿈도 못 꿔! 다른 코끼리처럼 빠진 이빨이 몇 번씩 새로 나지도 않아! 한번 닳아 버리면 끝이라고…. 아놔! 어째서 초원이 넓어졌는데, 바보같이 숲에서 숲으로 이동하는 생활을 선택한 걸까!?

진짜 싫어! 살기 싫어! 아 맞다, 벌써 멸종했지!

멸종 시기	100만 년 전
분류	포유류
크기	어깨까지의 높이 4m
서식지	아프리카, 유럽, 아시아
먹이	나뭇잎, 나뭇가지

이럴 걸 그랬어
남들과 다른 길을 선택할 때는 후회하지 않을 각오도 해야 해.

데이노테리움은 꽤 이른 단계에 코끼리와 다른 그룹으로 갈라졌으며, 아래턱에만 엄니가 자랐다. 엄니가 몸 안쪽을 향해 자라서 먹이를 씹고 삼키기에는 적합하지 않았을 것이다. 그러므로 주된 용도는 이성을 유혹하는 매력 포인트였을지도 모른다. 데이노테리움은 긴 다리로 성큼성큼 걸으며 숲에서 숲으로 이동해서 나뭇잎을 따 먹었던 것 같다. 하지만 지금의 코끼리처럼 어금니가 계속해서 새로 나지 않았기 때문에 숲이 줄어든 뒤 초원에 자란 억센 풀을 먹지 못해서 멸종했으리라 생각된다.

선캄브리아기	고생대						중생대			신생대		
	캄브리아기	오르도비스기	실루리아기	데본기	석탄기	페름기	트라이아스기	쥐라기	백악기	고제3기	신제3기	제4기

몸이 너무 길어서 멸종

방 금 '스타일 너무 좋다~'라고 말한 애 누구야? 너 지금 나 놀리니? 아니야? 진짜 아니야? 어머, 미안해라. 내가 좀 예민했나 봐. **몸이 너무 길어서 멸종했더니** 나도 모르게 발끈했지 뭐니.

덩치가 우람한 애들은 나 말고도 많지만 내 몸매는 균형이 좀… 유별나긴 해. 사실은 내가 고래랑 친척인데, **향유고래나 북태평양참고래는 3등신이지만 나는 10등신이나 되거든.**

바실로사우루스

↙ 코는 여기 어딘가에

3 신생대에 멸종

'부럽다~'라니 진심이야? 너는 내 맘을 몰라! 머리부터 꼬리지느러미까지 너무 기니까, 앞으로 가려면 몸을 위아래로 너울너울 움직여야 한다는 거 아니? 이런 식으로 헤엄치다 보니 너무 느려서 신종 고래는 따라잡을 수도 없어. 어휴! 진짜 아무것도 모르면서!

땅 위에서 살던 시절의 흔적으로 뒷다리도 남아 있는데, 60cm밖에 안 되기는 해…. '귀여워~'라고? 너 진짜 내 말을 듣고 있긴 한 거니?

뒷다리는 짝짓기할 때만 사용

이럴 걸 그랬어
장점과 단점은 동전의 앞면과 뒷면 같지. 평범한 애들이 부러워…

멸종 시기	고제3기 (에오세 후기)
분류	포유류
크기	몸길이 20m
서식지	아프리카, 유럽, 북아메리카의 바다
먹이	고래, 상어

물가를 걸어 다녔던 원시 고래류는 물속 생활을 시작한 뒤 몸이 커졌다. 그중에서도 최대 크기를 자랑한 생물이 좁고 긴 몸이 특징인 바실로사우루스였다. 고래는 꼬리지느러미를 세로로 흔들며 수영했는데, 바실로사우루스는 꼬리가 너무 길어서 힘을 끝까지 전달하기 어려웠기 때문에 속도를 낼 수 없었다. 그래서 이빨고래류나 수염고래류라는 새로운 고래가 나타나자, 헤엄치는 속도를 따라잡지 못하고 사냥에 족족 실패하여 멸종한 듯하다.

선캄브리아기	고생대					중생대			신생대		
	캄브리아기	오르도비스기	실루리아기	데본기	석탄기	페름기	트라이아스기	쥐라기	백악기	고제3기	신제3기	제4기

커다란
똥이
없어져서 멸종

이제는 없는 그대~
내 곁에

옛날왕쇠똥구리

3 신생대에 멸종

내가 그대와 처음 만난 것은 내가 살던 곳이 '일본'이라고 불리기 한참 전, 아직 야생 코끼리나 코뿔소가 육지를 호령하던 무렵이었다.

내 기억 속의 그대는 항상 같은 장소에 있었다. 초원에 그저 덩그러니 남겨져 있던 그대는 크고, 까맣고, 남들이 함부로 다가가기 힘든 위험한 냄새를 풍기고 있었다. 그럼에도 불구하고 나는 그대를 파헤치고 그대를 마음껏 먹어 치우기를 그만둘 수 없었다. 그것이 쇠똥구리로 태어난 나의 '숙명'이었다.

어느 날 갑자기 그대가 모습을 감췄다. 여느 때와 다름없이 초원으로 발걸음을 옮긴 나는 도착해서야 비로소 소중한 존재가 사라졌다는 사실을 알게 되었다.

'똥은?' 나는 주변을 두리번대며 외쳤다. '똥은 어디 갔지!?'

나는 초원에 우두커니 서서 똥이 사라진 이유를 한참 동안 곰곰이 생각했다.

멸종 시기	신제3기(마이오세 후기)
분류	곤충류
크기	몸길이 5cm
서식지	일본
먹이	포유류의 똥

이럴 걸 그랬어

거대한 똥을 찾으러 대륙으로 건너갔어야 했나…

마이오세의 일본은 기온이 높았고, 곰포테리움이라는 코끼리나 카니사이라는 코뿔소가 살고 있었다. 옛날왕쇠똥구리는 이러한 대형 동물의 똥을 먹고 커진 대형 쇠똥구리다. 지금도 코끼리나 코뿔소가 있는 지역에는 대형 쇠똥구리가 살고 있는데, 일본에는 소형 쇠똥구리밖에 없다. 대형 쇠똥구리는 커다란 똥이 없으면 살 수 없기 때문에 일본에서는 코끼리, 코뿔소와 함께 멸종했을 것이다.

	고생대					중생대			신생대		
선캄브리아기	캄브리아기	오르도비스기	실루리아기	데본기	석탄기	페름기	트라이아스기	쥐라기	백악기	고제3기	신제3기	제4기

다 어머~, **설치류** 엄마 아니에요? 안녕하세요?

설 이게 누구야~, **다구치류** 엄마! 이런 데 계셨구나~. 우후훗.

다 그렇죠 뭐~. 누가 뭐래도 여기 과일들은 전부 내가 먼저 찜했으니까요~. 오호홋.

설 어머 모르고 찾아와서 미안해요~. 몸집이 콩알만 하시니까 멀리서는 잘 안 보여서 몰랐지 뭐예요~.

다 설치류 아줌마도 도토리 키 재기 수준인데 왜 그러실까~.

설 아 맞다, 요즘 아드님도 잘 지내죠?

다구치류

아주 천천히 자라서 멸종

3 신생대에 멸종

다 : 네, 아주 잘 지내요. 얼마 전에는 드디어 스스로 먹이를 딸 수 있게 되었답니다~.

설 : 어머 대견하네요~! 우리 애는 생일도 비슷한데, 벌써 결혼해서 애까지 낳고 살아요. 마음 한구석이 허전한 거 있죠~.

다 : 우…, 우리 집은 온 정성을 쏟아부으면서 아이를 키우고 있어서요~.

설 : 아~ 그러시구나~.

다 : 오호호호호호홋….

설 : 우후후후후후훗….

이럴 걸 그랬어
자라는 데 시간이 오래 걸려도 능력이 부족하면 안 되는 건데….

설치류 아줌마

멸종 시기	고제3기(에오세 말기)
분류	포유류
크기	몸길이 10~30cm
서식지	유럽, 아시아, 북아메리카, 아프리카
먹이	씨앗, 과일

다구치류는 지금의 쥐 같은 설치류와 매우 닮았다. 다구치류와 설치류 모두 몸집이 작고, 딱딱한 것을 갉아먹을 수 있었으며, 과일이나 씨앗을 주로 먹었다. 그런데 다구치류는 1억 년이나 번성하고도, 새롭게 등장한 설치류에게 자리를 내주는 모양새로 멸종했다. 다구치류는 새끼를 미숙한 상태로 낳아 오랫동안 키웠고, 세대교체가 이루어지는 기간이 길어 생존 경쟁에서 밀렸을 것이다.

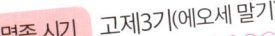

이빨이 김밥같이 생겨서 멸종

이 것 참, 시대가 이런 걸 누구를 탓하겠어유. 나는 옛날부터 이빨 하나로 먹고 살아온 놈이구먼유.

보다시피 내 이빨은 여러 개의 원기둥이 한 다발로 묶여 있는 모양이어유. 가운데는 부드럽고 바깥쪽은 딱딱한 이중 구조라서 김밥과 비슷하쥬. 요즘 사람은 잘 모를 것이어유. 내 이빨은 갈려서 줄어들 때마다 컨베이어 벨트처럼 새 이빨이 안쪽에서 척척 자라나유. 닳고 닳은 오

물갈퀴같이 생긴 발

데스모스틸루스

3 신생대에 멸종

래된 이빨이 빠져서 떨어질 때 '**김밥 한 줄 나왔슈!**'라며, 너스레를 떨기도 했었쥬.

이제는 다 틀린 것 같아유. **내 이빨로 먹을 수 있는 음식이 없거든유.** 요즘 바다가 까무러칠 만큼 차갑잖아유? 바닷속도 완전히 환경이 바뀌어 버렸다 이거쥬.

이것저것 먹어 보고 싶지유. 이 이빨로 먹어도 될지 워떨지 무엇을 먹어야 할지 잘 몰라서…. 시대가 그런 걸 낸들 어쩌겠어유.

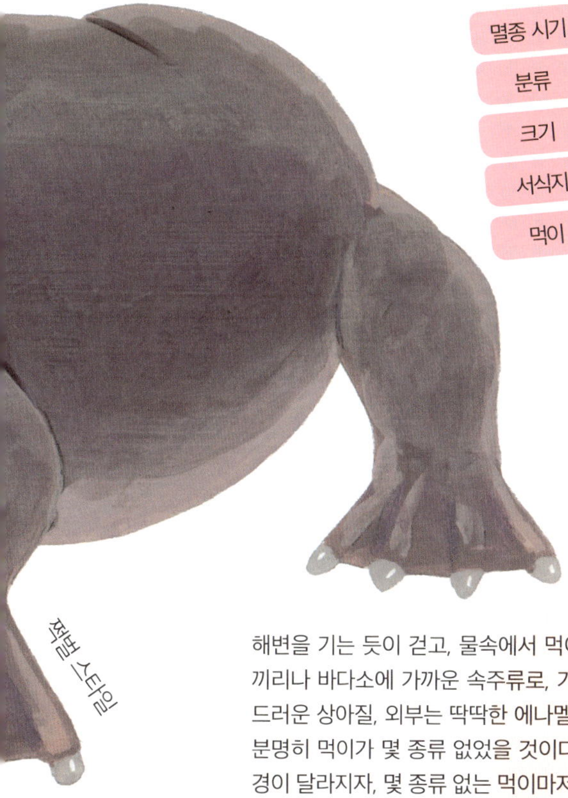

멸종 시기	신제3기(마이오세 중기)
분류	포유류
크기	몸길이 2.5m
서식지	북태평양 얕은 바다
먹이	알 수 없음

이럴 걸 그랬어

시대에 맞춰서 개량하는 노력이 필요하다고들 하더만유.

쩍벌 스타일

해변을 기는 듯이 걷고, 물속에서 먹이를 먹던 대형 포유류. 데스모스틸루스는 코끼리나 바다소에 가까운 속주류로, 가장 큰 특징은 어금니의 모양이다. 중심은 부드러운 상아질, 외부는 딱딱한 에나멜질로 이루어진 김밥 같은 구조의 이빨이라서 분명히 먹이가 몇 종류 없었을 것이다. 마이오세 중기에 기온이 내려가 해변의 환경이 달라지자, 몇 종류 없는 먹이마저 사라져 멸종한 것 같다.

선캄브리아기	고생대						중생대			신생대		
	캄브리아기	오르도비스기	실루리아기	데본기	석탄기	페름기	트라이아스기	쥐라기	백악기	고제3기	신제3기	제4기

몸이 무거워도 너무 무거워서 멸종

↓ 캥거루, 캥수

폴짝 폴짝~

 수야, 안녕! 😊 어제는 집에서 푹 쉬었니? 아저씨는 일했어. 😅

그러고 보니 얼마 전에 사막 동쪽으로 먹을 것을 찾으러 갔다 왔어! 😊 꽤 많이 걸었는데, 결국 뼈밖에 찾지 못했어. 😊

다른 동물들이 먹다 남긴 찌꺼기나 죽은 동물의 몸이라도 굴러다니면 좋았겠지만…. 😑 요즘에는 그것조차 엄청 줄어들어서 살기 힘들어. 😢

캥수 너한테만 털어놓는 비밀인데, 아저씨는 몸이 무거워서 달리기가 느려…. 😅 고작 50m 달리는데, 18초나 걸리더라고.(하하) 사냥감을 죽어라 쫓아가도 번번이 놓치고 말아. 어찌나 순식간에 멀어지는지. 😢

너처럼 폴짝폴짝 뛸 수 있으면 재밌기라도 할 텐데! 😆 널 보면서 항상 대리 만족하고 있단다. 고마워. 😊 언제나 건강 잘 챙기는 것 잊지 마. 만약 네가 죽으면, 아저씨가 맛있게 먹어 줄게. 😋 그럼 또 보자!

3 신생대에 멸종

메갈라니아

죽은 동물의 몸 냄새를 감지하는 혀

멸종 시기	제4기(플라이스토세 후기)
분류	파충류
크기	전체 길이 5.5m
서식지	호주
먹이	고기

이럴 걸 그랬어
몸이 지금보다 작고 가벼웠으면 좋았을 것 같아.

전체 길이가 코모도왕도마뱀의 2배나 되는 역사상 가장 큰 왕도마뱀. 육식 포유류가 적은 호주에서 최대급 육식 동물로 군림했다. 움직임이 둔해서 사냥하기보다 죽은 동물을 주로 먹고 살았을 것으로 짐작된다. 그러나 호주의 사막이 점차 넓어지면서 대형 동물의 숫자가 줄어들어, 죽은 동물의 몸을 발견하기 어려웠을 것이다. 엎친 데 덮친 격으로 사람까지 밀려 들어오자, 움직임이 둔한 메갈라니아는 모조리 사냥당해서 멸종했다.

선캄브리아기	고생대					중생대			신생대		
	캄브리아기	오르도비스기	실루리아기	데본기	석탄기	페름기	트라이아스기	쥐라기	백악기	고제3기	신제3기	제4기

심하게 튼튼한 갑옷을 입어서 멸종

저건 너무 심하지 않나?

뾰족뾰족한 꼬리!

메이올라니아

등딱지!

뿔!

3 신생대에 멸종

암 … 알아, 알아, 알고도 남지. 미래를 생각하면 불안하기 마련이지.

내가 살고 있는 섬은 성질 나쁜 동물이 별로 없어서 치안은 그럭저럭 괜찮은 편인데…. 그래도 시대가 이렇다 보니, 언젠가는 잡아먹힐지도 모른다는 생각이 들어서 불안할 때가 있어. 나만 그런 건 아닐걸?

그래서 나… 있잖아, 얼마 전에 드디어 머리 뿔을 달았다. 아니, 별거 아니야. 대단하지도 않은 뿔을 하나 달았을 뿐이야!

뭐… 딱히 천적은 없어. 내가 좀 걱정이 많아서 그래. 좀 얇지만 등딱지도 있고, 꼬리에도 가시가 삐죽삐죽 났으니까, 이 정도로 충분하겠지~라고 생각했는데 말이지.

아이참, 몰라~! 강해 보인다는 둥 듣기 좋은 소리 해 줘도 소용없거든! 머리에 뿔을 길렀더니 등딱지 속에 숨을 수 없더라고! 몸놀림이 가뿐하지 않은 것도 좀 답답해. 아유, 몰라~(오호홋)!

이럴 걸 그랬어
사람이 올 것을 미리 알았으면 더 잘 준비했을 텐데…

멸종 시기	3000년 전
분류	파충류
크기	전체 길이 3m
서식지	호주, 누벨칼레도니 등
먹이	식물

메이올라니아는 사상 최대의 육지 거북이다. 메이올라니아의 서식지에는 대형 포식자가 거의 없다시피 했지만 머리에는 거대한 뿔을 기르고 꼬리에는 뾰족한 돌기를 붙여 지나치다 싶을 만큼 방어에 최선을 다했다. 그러나 방어 도구가 강해질수록 움직임이 둔해져서 사람이 이주해 오자 줄줄이 붙잡혔다. 마지막 남은 서식지였던 멜라네시아*의 섬에서도 모두 잡혀서 3000년쯤 전에 멸종하고 말았다. (*멜라네시아 : 호주 동북쪽에 있는 여러 섬을 이르는 말인데 누벨칼레도니를 포함한다.)

 **종달새그램**

늪 도착~! 오늘은 포근한 날씨라서 물가에서 유유자적 시간 때우기로 결정. 수초도 맛있었당♪
#수초 #LOVE #이빨이약해서 #딱딱한건NO #늪_좋아하는_사람_모여라 #북아메리카
4000만 년 전

오늘도 평화로운 늪♪ 최근 어린잎의 참맛을 알아 버려서 식욕 폭발~ 😝
#몸무게 #큰일났다 #5t넘을듯 #코뿔소_닮은꼴 #사실은_먼친척_사이
3800만 년 전

이름 모를 운석이 떨어졌다!(푸하하)
#체서피크만 #ChesapeakeBay #거기어디? #우리는영원불멸
3500만 년 전

운석이 떨어진 다음부터 점점 추워지고, 먹던 식물이 모두 말라 버렸다…
😝
#그때가 #좋았다 #이제부터멸종
3400만 년 전

3 신생대에 멸종

멸종 시기	고제3기(에오세 말기)
분류	포유류
크기	어깨까지의 높이 2.5m
서식지	북아메리카
먹이	물풀, 나뭇잎

이렇게 그랬어
#질긴_식물_먹는_법
#따뜻하게하는방법
#누구든_알려줘

에오세는 신생대에서 가장 온난한 시기였다. 식물이 잘 자라서 먹이가 풍족했기 때문에 포유류는 종류가 다양해졌고 몸집도 나날이 커졌다. 그중에서도 최대급이었던 생물이 브론토테리움이었다. 브론토테리움은 코뿔소 등과 가까운 기제류에 속하며 물가의 식물을 주로 먹었다. 그런데 지구에 운석이 떨어져 지구의 환경이 변화하기 시작했다. 에오세 말기에 급격하게 기온이 낮아졌다. 그 때문에 식물이 줄어들었고, 거대한 몸을 유지할 만큼 먹지 못하여 결국 멸종한 것 같다.

선캄브리아기 | 고생대 | | | | | 중생대 | | | 신생대 | |
캄브리아기 | 오르도비스기 | 실루리아기 | 데본기 | 석탄기 | 페름기 | 트라이아스기 | 쥐라기 | 백악기 | 고제3기 | 신제3기 | 제4기

뿔을 길러서 멸종

케라토가울루스

아무짝에도 쓸모없었다는 설이 있는 뿔

하 아, 마침내 자랐다…. **역시 뿔은 멋져부러(크으~ 감동).** 그런데… 가까이 봐서 그런가? 생각보다 더 큰걸. 그것도 두 개나! 괜찮을까…. **뭐 그래도 멋진 뿔이 생겼으니 암컷들 사이에서 인기가 좀 오르겠지!** 나도 이제 어엿한 한 마리의 수컷으로 거듭날 수 있다 이거야.

문제는 관리 방법이란 말이야…. **뿔에 꽤 영양분을 빼앗길 것 같은데.** 지금보다 먹는 양을 더 늘리지 않으면 일상생활도 간당간당

3 신생대에 멸종

하겠는걸. 크으~.

아아~. 그래도… **역시 뿔은 멋져부러~**. 온몸으로 느껴지는 뿔의 묵직함이 짜릿해. 다른 작은 동물 친구들도 뿔을 기르면 좋으련만.

아~, 내 정신 좀 보게, 뿔만 멍하니 바라보고 있네. 이제 슬슬 잘 시간인데. 어라? **말도 안 돼, 둥지 입구에 머리가 끼잖아.** 이런 이런~, 어쩌지. 크기 조절을 잘못했나? 아, 망했다.

멸종 시기	신제3기(플라이오세 전기)
분류	포유류
크기	몸길이 35cm
서식지	북아메리카
먹이	식물

이럴 걸 그랬어

인기에 집착하느라 중요한 사실을 놓쳤잖아, 크으~! 인기에 관심 끊을걸.

둥지는 아담한 크기

땅굴에서 사는 다람쥐와 비슷한 종류. 소형 포유류 중에는 뿔을 가진 생물이 거의 없는데, 케라토가울루스는 설치류 중에서 유일하게 뿔이 났다. 땅속에서 사는 다람쥐는 한 마리 수컷이 여러 암컷을 거느리며 무리를 지어서 생활했는데, 수컷이 다른 무리를 점령할 때 이 뿔을 무기로 사용했을지도 모른다. 그러나 큰 뿔은 땅속에서 거추장스러울 뿐만 아니라 영양분이 많이 필요해서 살아남는 데에는 불리했을 것이다.

선캄브리아기	고생대						중생대			신생대		
	캄브리아기	오르도비스기	실루리아기	데본기	석탄기	페름기	트라이아스기	쥐라기	백악기	고제3기	신제3기	제4기

칼리코테리움

'너클 보행'이라는 걷기 자세

발톱을 소중히 지키며 걷기

발톱이 날카로워서 멸종

3 신생대에 멸종

아직도 안 와…. 이게 대체 무슨 상황이지? 이런 허허벌판인 초원에서 혼자 기다리게 하다니? 형편없는 친구 같으니! 숨을 곳이 마땅찮아서 멀리서도 고스란히 보이잖아. 무서운 짐승이 공격하면 어쩌란 거야?

와, 진짜 답이 없는 친구일세…. 이럴 줄 알았으면 숲에서 얌전히 나뭇잎이나 주워 먹을걸….

진짜 그 친구는 내 노력을 눈곱만큼도 몰라. 사실 발톱 손질도 쉽지 않고, 발톱이 부러지면 나뭇잎을 한 장도 못 먹게 된다는 사실을 과연 알까? 나는 발톱 상할까 봐 항상 주먹 쥐고 걸어 다니는 지경인데…. 내가 여기서 기다리다가 육식 동물에게 들키면, 도망쳐도 금방 잡힐 거라는 정도는 알고 있을 텐데.

아오, 부글부글 화가 가라앉질 않네. 식물 뿌리라도 파면서 시간 때우기나 해야 하나….

멸종 시기	신제3기(플라이오세 전기)
분류	포유류
크기	어깨까지의 높이 1.8m
서식지	유럽, 아시아, 아프리카
먹이	나뭇잎

이럴 걸 그랬어
초원의 생활에 맞는 몸이어야 했어~.

칼리코테리움류는 말이나 코뿔소와 같은 기제류에 속한다. 식물을 먹는 대형 동물 중에서는 드물게 앞발에 긴 발톱이 자라서 높은 나무의 잎을 가까이 끌어당겨 따 먹었다. 그러나 기후의 변화에 따라 숲이 점점 줄어들자, 칼리코테리움은 숲에서 숲으로 장거리 이동을 해야 했고, 그때 긴 발톱은 빨리 달리는 데에 방해가 되었을 것이다. 게다가 이빨이 두껍지 않아서 초원에서 자라는 뻣뻣한 풀을 씹기에 알맞지 않았다. 그래서 살아남지 못했을 것이다.

선캄브리아기	고생대					중생대			신생대		
	캄브리아기	오르도비스기	실루리아기	데본기	석탄기	페름기	트라이아스기	쥐라기	백악기	고제3기	신제3기	제4기

몸이 작아져서 멸종

호모 플로레시엔시스
(플로레스인)

같은 섬의 쥐는 큰 편

← 조상은 초기 자바 원인

짜 잔~

3 신생대에 멸종

얼 레? 니는 섬사람이 아니구만. …**호모 사피엔스?** 그게 뭐시여?

우리는 호모 플로레시엔시스! 근데 니는 이 섬에 뭐 하러 왔는디…? 이 섬은 100만 년도 전에 **우리 조상님이 도착한 다음부터 줄곧 우리가 주인이었당께.**

옴마? 꼬마는 상대하지 않는다고? 야! 니는 지금 제일 하면 안 될 말을 했부렀어!

니 말대로 우리는 키가 1m 정도밖에 안 되긴 허지. 근데 좁은 섬에서 적은 식량으로 살 수 있도록 일부러 작아진 거다잉!?

우리가 코흘리개면 저 거대한 쥐를 잡을 수 있었겄냐!

어? 니도 쥐 정도는 잡을 수 있다고? 무기도 있다고…. 아따, 일단 좀 진정하고…. 내 말 좀 들어 보드라고? 좁은 섬인데 우리 사이좋게 지내자, 이거여. 응?

멸종 시기	제4기(플라이스토세)
분류	포유류
크기	키 1m
서식지	인도네시아의 플로레스섬
먹이	쥐 등

이럴 걸 그랬어
호모 사피엔스한테 싸움을 걸지 말 걸 그랬당께.

호모 플로레시엔시스는 키가 1m 정도밖에 되지 않았다. 몸이 큰 동물이 좁은 섬에서 살면서 작아지는 경우가 있다. 이것은 적은 먹잇감으로 생존하기 위해 적응(환경에 맞춘 변화)한 결과다. 그들의 조상은 플로레스섬에 정착한 뒤 100만 년 정도에 걸쳐서 몸집을 줄였다. 5만 년 전에 호모 사피엔스가 찾아오자, 생활 영역을 두고 전쟁을 시작했다. 그때 자그마한 몸집이 불리하여 멸종했을 것으로 짐작된다.

아르크토테리움

일어서면 키가 4m나 되었다.

고기를 포기 못해서 멸종

3 신생대에 멸종

여러분, 오늘 바쁜데 이렇게 시간을 내주어서 감사합니다.

저는 아르크토테리움이라고 합니다. 이번 기회에 '육식'에서 '잡식'으로 생존 사업 계획을 대폭 수정하기로 했습니다.

제가 남아메리카 대륙으로 활동 무대를 옮긴 때는 약 280만 년 전입니다. 지금 제 키는 일어서면 4m이며 몸무게는 1.6t으로 육식 동물 세계에서는 최대 덩치를 자랑하는 동물로 성장했습니다.

하지만 요즘은 개나 고양이 여러분처럼 스피드를 갖춘 벤처 동물이 앞다투어 남아메리카 시장에 뛰어들고 있습니다. 덕분에 식량인 고기를 구하기 어려워졌습니다.

그래서 오늘부터 저 아르크토테리움은 '가볍고 행복한 삶'을 콘셉트로 고기만이 아니라 풀이나 과일도 먹는 건강한 곰을 꿈꾸는 체질 혁신을 하려고 합니다.

아무쪼록 앞으로도 응원해 주시길 부탁드립니다.

멸종 시기	1만 년 전
분류	포유류
크기	몸길이 3~4m
서식지	남아메리카
먹이	고기, 과일

이럴 걸 그랬어
애매한 변화는 관두고 과감하게 '초식'으로 몸을 바꿨어야 했어.

아르크토테리움은 거대한 곰으로 육지에 사는 육식 동물 중에서 가장 몸무게가 무거웠다. 북아메리카와 남아메리카가 연결되어 있던 시기에 가장 먼저 남아메리카에 진출하여 경쟁 상대가 없는 환경에서 살아남는 데 성공했기 때문이다. 그러나 다른 육식 동물이 찾아와 서식지를 넓혀 갈 때, 거대한 아르크토테리움은 움직임이 느려서 먹잇감을 차지하기 어려웠다. 아르크토테리움은 살아남기 위해 점점 몸집이 작아지는 방향으로 진화했고 잡식을 하게 되었지만, 끝내 멸종하고 말았다.

선캄브리아기	고생대						중생대			신생대		
	캄브리아기	오르도비스기	실루리아기	데본기	석탄기	페름기	트라이아스기	쥐라기	백악기	고제3기	신제3기	제4기

수염고래를 놓쳐서 멸종

이 봐! 수염이! 아무래도 우리 사이에 대해서 다시 생각해야 하지 않겠냐?

네 몸이 이렇게나 커져서 난 무척 기뻐. 그런데…, 너무 빠른 거 아니냐? 진화의 속도도 빠른 거 맞는데, 나는 지금 수영 속도를 말하는 거야. 내가 너를 따라잡을 수 없게 되어 버렸잖아.

너한테 내가 좋은 친구일 거라고 생각은 안 해. 지

리비아탄

못 쫓아가겠다…

3 신생대에 멸종

금까지 내가 널 일방적으로 공격해서 잡아먹고 살았으니까 입이 열 개라도 할 말은 없어…. 하지만 나도 나름대로 경쟁자를 이기기 위해서 몸집을 크게 만들어야 했어. 그러니까 좀 봐주라? 엉?

그리고 이런 말 하고 싶지 않지만, 너도 내가 안 보이는 곳에서 크릴새우를 무지막지하게 잡아먹으면서 왜 나한테만 그래? 짧은 시간 안에 이만큼 거대해진 이유가 있을 거 아냐!? 나도 다 알고 있거든? 아~ 왜 그래~, 웃자고 하는 말이지~. 화내지 마, 미안해. 가지 마! 나랑 얘기 좀 해!

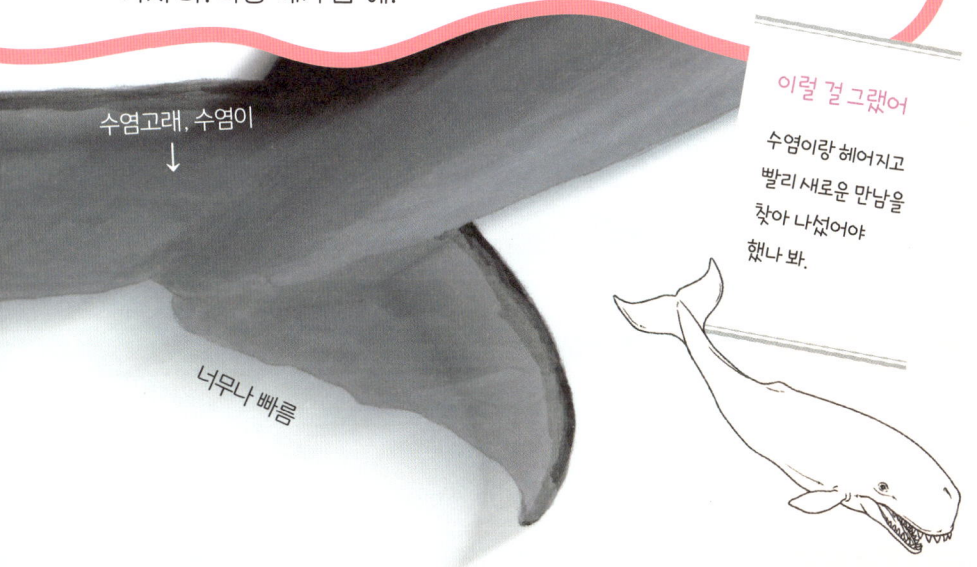

수염고래, 수염이 ↓

너무나 빠름

이럴 걸 그랬어

수염이랑 헤어지고 빨리 새로운 만남을 찾아 나섰어야 했나 봐.

멸종 시기	신제3기(마이오세 중기)
분류	포유류
크기	몸길이 17m
서식지	남아메리카 바다
먹이	고래

리비아탄은 향유고래와 비슷하게 생겼지만 입의 폭이 훨씬 넓고, 턱의 위아래에 커다란 이빨이 빼곡하게 나 있었다. 리비아탄은 이 입으로 몸길이 7~8m의 수염고래를 잡아먹었던 것 같다. 리비아탄이 살던 시대에는 거대 상어인 메갈로돈*도 수염고래를 먹잇감으로 노렸기 때문에 수염고래는 생존을 위해 몸을 키우고 빠르게 헤엄치는 방향으로 진화했다. 그 결과 리비아탄은 수염고래를 사냥하지 못하게 되어 멸종했을 것으로 짐작된다.(*<이유가 있어서 멸종했습니다> 96쪽)

선캄브리아기	고생대						중생대			신생대		
	캄브리아기	오르도비스기	실루리아기	데본기	석탄기	페름기	트라이아스기	쥐라기	백악기	고제3기	신제3기	제4기

멸종 쇼핑몰

등딱지를 너무 믿어서 멸종

매장에 계신 여러분! 이번에는 약육강식의 시대인 플라이스토세에 살아남기 위해 필요한 등딱지를 소개합니다!

상품은 바로 이것입니다. **보다시피 눈이 휘둥그레질 만큼 큽니다!** 이거라면 3m 넘는 몸집을 가진 분도 여유롭게 몸을 덮을 수 있지요! 물론 크기만 큰 것이 아닙니다. 등딱지 표면에 단단한 골판이 자르르하게 깔려 있어요~! 그래서 탄성이 있으면서도 강도가 뛰어나죠! **육식 동물의**

사람에게 발견되었다!

글립토돈

몸은 움직임은 둔하다.

3 신생대에 멸종

이빨은 물론, 사람이 돌이나 창을 던져도 끄떡없답니다!

그리고! 이번에는 특별히 머리 위를 덮는 보호구와 꼬리에 붙이는 뾰족뾰족한 무기도 사은품으로 끼워 드립니다. **이 등딱지가 고객님을 무적으로 만들어 줄 거예요, 망설이지 마세요!**

(다룰 때 주의 사항)
- 개인마다 효과가 다를 수 있습니다.
- 등딱지 안에 머리와 발을 넣을 수 없습니다.
- 사람을 상대할 경우, 창에 걸려서 몸이 뒤집힐 수 있습니다. 그런 경우, 효과는 보증할 수 없습니다.

멸종 시기	1만 년 전
분류	포유류
크기	몸길이 3m
서식지	남아메리카
먹이	물풀, 땅 위의 풀, 나뭇잎 등

이럴 걸 그랬어
설마 사람까지 이 등딱지를 탐낼 줄이야!

글립토돈은 아르마딜로와 가까운 종류이다. 글립토돈의 조상은 아르마딜로와 비슷한 크기였지만, 북아메리카에 스밀로돈* 같은 강력한 천적이 나타나자 덩치를 키워서 방어력을 높였던 것 같다. 그러나 1만 수천 년 전에 사람이 등장했고, 글립토돈을 뒤집어서 부드러운 배를 공격했다. 사람은 글립토돈의 튼튼한 등딱지를 방패의 재료로 사용했고, 수납 상자로도 사용하려고 글립토돈을 적극적으로 사냥했다.
(*<이유가 있어서 멸종했습니다> 92쪽)

소금에 중독되어서 멸종

나: 어제 달렸어. 캥거루이면서도 뛰어오르지 못하는 내가 마라톤 선수처럼 내달렸어! 뒷다리 발가락을 하나만 남겨 놔서 달리기는 자신 있지. 멋지게 달린 내게 맛있는 상을 주겠어!

캬아~. 이 풀 맛 기가 막힌다~! 짭짤함이 감돌아서 자꾸 생각나는 그런 맛이야. 평범한 풀때기로 보이지만 입에 물면 소금기가 느껴지는 최고의 반찬이지. 이 풀은 사막에서 달리 먹을 게 없어서 먹기 시작했는데, 지

프로콥토돈

짜디짠 풀

3 신생대에 멸종

금은 완전히 중독되어 버렸어. 끊을 수가 없어.

괜찮겠지? 물 좀 먹어도 별일 없겠지? 염분을 먹으면 목이 마르더라고. 그런데 요즘 물 있는 곳에 사람이라는 동물들이 진을 치고 있다가 물가에 다가가는 동물을 덮친다는 소문을 들었어. 가까운 거리에 물을 마실 수 있는 곳이 거기 밖에 없어서 고민되네.

뭐 괜찮겠지…. 괜찮을 거야! 공격당하면 또 뛰어서 도망치면 되지, 뭐. 마셔 마셔! 물 마시러 가는 김에 짭조름한 풀 조금만 더 먹고 갈까?

물도 맛있어.

이럴 걸 그랬어

그만둘 때를 놓치면 언젠가 돌이킬 수 없게 될지도! 아마도!

멸종 시기	제4기(플라이스토세 후기)
분류	포유류
크기	몸길이 2m
서식지	호주
먹이	솔트부시

플라이스토세에 호주의 중앙부가 사막으로 변했다. 여기서 자라는 '솔트부시'를 독차지하여 몸집을 키운 캥거루가 프로콥토돈이다. 솔트부시는 건조한 환경에서 잘 자라는 나무로, 땅속 깊은 곳의 수분을 빨아들인다. 이때 땅이 머금은 염분까지 흡수한다. 솔트부시의 짠 잎을 먹은 프로콥토돈은 목이 말랐을 것이다. 하지만 사막에는 샘이 드물고, 근처에 사람까지 살기 시작해서, 프로콥토돈은 물을 마시지 못했을 것이다. 결국 멸종하고 말았다.

선캄브리아기	고생대						중생대			신생대		
	캄브리아기	오르도비스기	실루리아기	데본기	석탄기	페름기	트라이아스기	쥐라기	백악기	고제3기	신제3기	제4기

97

낙타(알파카의 조상) →

마크라우케니아

코로 차가운 공기를 따뜻하게 데운다.

낙타한테 져서 멸종

3 신생대에 멸종

아~ 낙타 씨, 오늘도 빛이 나는 스타일! 역시 북아메리카 출신은 뭔가 달라~.

나 같은 마크라우케니아 따위는 낙타랑 비교하면 상대가 안 되죠. 내가 사는 남아메리카 대륙은 한동안 동떨어져 있었기 때문에 다른 대륙의 대형 동물을 만날 일이 없었어요.

하지만 280만 년 정도 전에 북아메리카 대륙과 이어지더니 북쪽에서 점점 새로운 동물들이 내려오기 시작하지 뭐예요.

이래 봬도 나, 남아메리카에서는 새로운 동물에 속해요. 그래서 사실은 '올 테면 와 보시지'라는 마음이었거든요. 설마 이렇게 많은 동물이 북쪽에서 건너올 줄은 몰랐죠. 스밀로돈*이라는 커다란 털짐승은 군침을 삼키며 나를 공격하질 않나, 낙타는 내가 먹던 풀을 몽땅 가로채질 않나, 좋은 일이 하나도 없어요.

내가 할 수 있는 건 길쭉한 코로 공기를 따뜻하게 데우는 정도예요. 추울 때는 편리하지만요. 아하하. 웃는데 눈물이 나네요.

*《이유가 있어서 멸종했습니다》 92쪽

멸종 시기	제4기(플라이스토세 후기)
분류	포유류
크기	어깨까지의 높이 1.6m
서식지	남아메리카
먹이	나뭇잎, 풀

이럴 걸 그랬어

시야를 넓히지 않으면 전성기를 유지할 수 없어요.

남아메리카 대륙은 오랫동안 독립된 대륙이었다. 그래서 고유한 동물이 진화해 왔는데, 그중에 활거류가 있다. 마크라우케니아는 남북아메리카 대륙이 이어진 뒤에 진화한 새로운 활거류이다. 낙타와 맥 등이 살아남기 치열한 북아메리카를 떠나 남아메리카로 건너오자, 마크라우케니아는 이들과 경쟁하여 이기지 못하고 멸종한 것으로 보인다.

선캄브리아기	고생대					중생대			신생대		
	캄브리아기	오르도비스기	실루리아기	데본기	석탄기	페름기	트라이아스기	쥐라기	백악기	고제3기	신제3기	제4기

숨어서 기다리다가 멸종

디프로토돈
(디프로 씨)
몸무게가 무려 2.8t

=

틸라콜레오

커다란 엄지발가락

3 신생대에 멸종

오 옷, 오셨다. 오늘도 행차하셨어, 디프로 씨!

우아, 역시 호주에서 둘째가라면 서러운 '숲의 아이돌'. 사랑스러우시다! 맛있어 보이신다!

아아, 더 이상은 못 참겠어. **디프로토돈에게 한눈에 반한 지 벌써 한 달.** 거의 날마다 이곳에서 몸을 숨기고 기다렸지. 하지만 디프로토돈은 전혀 내 쪽으로 와 주질 않아. 그런 점도 역시 디프로토돈의 매력이라고 생각하지만, **이제 슬슬 한계에 다다른 것 같아. 굶어 죽기 일보 직전! 세상과 작별 인사 나누게 생겼네.**

그래도 뒤를 쫓으면서 추격전을 벌이지는 않을 거야. **나무 그늘에 숨어 있다가 먹잇감이 가까워질 때를 노려 앞발톱으로 번개같이 후려쳐서 사냥하는 것이 내 스타일.** 나는 달리기가 느려서 이 방법이 가장 좋아.

앗… 큰일 났다. 디프로 씨와 눈이 마주쳤어! 요즘 나무가 너무 없어졌어. 나 숨어 있는 거 들킨 거 아냐? 어라, 살기를 느꼈나? 하아~, 또 가는 거야? 솔직히 너무 빨리 도망치는 거 아냐?

멸종 시기	제4기 (플라이스토세 후기)
분류	유대류
크기	몸길이 1.3m
서식지	호주
먹이	고기 (대형 초식 유대류)

이럴 걸 그랬어
나한테 무턱대고 쫓아가서 낚아채는 승부사의 기술이 있었더라면 좋았을 텐데.

틸라콜레오는 호주에 살던 유대류 중에서 최강의 사냥꾼으로 여겨지는 동물이다. 틸라콜레오는 무는 힘이 매우 강했는데, 상아처럼 생긴 앞니로 사냥감을 물어뜯고 유별나게 큰 앞어금니로 고기를 찢었다. 그런데 달리기가 빠르지 않았던 탓에 우거진 수풀 속에 몸을 숨기고 대형 먹잇감을 기다렸던 모양이다. 호주에 사막화가 진행되어 숨어 있을 수풀이 적어지자, 사냥에 거듭 실패하여 멸종했을 것이다.

해초가 줄어들어서
멸종

얼마 없는 해초를 두고 쟁탈전

수중나무늘보

해초는 해조와 달라서 차가운 바다에서는 자라지 않는다.

3 신생대에 멸종

오빠: 잘 먹겠습니다~♪
동생: 잠깐! 그거 내가 딴 해초*잖아!
오빠: 뭐? 먼저 먹으면 임자지 무슨 소리야. 흥, 내 알 바 아님.
동생: 웃기지 마. 오빠는 나무늘보 주제에 이럴 때만 빠릿빠릿하게 굴지 말라고. 일 좀 해!
오빠: 나 참, 뭐라고? 너도 나무늘보거든?
동생: 오빠랑 같은 취급하지 말아 줄래? 나는 날마다 바다에 잠수해서 해초를 찾는다고. 오빠는 겨우 땅에 내려오는 게 다잖아.
오빠: 야, 그게 내 탓이냐. 요즘 바다가 차가워져서 들어가고 싶어도 못 들어가니까 이러고 사는 거지.
동생: 들어가는 나는 뭐지?
오빠: 나는 너랑 다르게 민감하거든. 그리고 요즘 부쩍 해초 채집이 어려워져서 의욕도 안 생겨.
동생: 그럼 굶든가?
오빠: 야 좀 봐라? 그게 말이 되냐.
동생: 뭐래? 그럼 어떻게 하자는 거야?
오빠: 아, 몰라. 일단 오늘은 잠이나 자련다~.

*162쪽

멸종 시기	신제3기(플라이오세 후기)
분류	포유류
크기	몸길이 2m
서식지	남아메리카 서쪽 해안
먹이	해초

> 이럴 걸 그랬어
> 마음 단단히 먹고 따뜻한 바다까지 헤엄쳐 갈 걸 그랬어.

잠수해서 해초를 따 먹던 나무늘보 종류. 지금의 나무늘보는 물에 뜨지만, 수중나무늘보는 뼈가 무거워서 자유자재로 잠수할 수 있었다. 수중나무늘보는 남아메리카의 태평양 지역에 살았는데, 이 지역 바다의 수온은 280만 년 전 파나마 해협이 생긴 영향으로 따뜻한 대서양의 해류 대신 남극에서 훔볼트 해류(페루 해류)가 흘러들어 차가워졌다. 수온의 변화로 해초가 적어지자 먹지 못해서 멸종하고 만 듯하다.

선캄브리아기	고생대					중생대			신생대		
	캄브리아기	오르도비스기	실루리아기	데본기	석탄기	페름기	트라이아스기	쥐라기	백악기	고제3기	신제3기	제4기

103

조개껍데기가 두꺼워져서 멸종

 회하냐고? 훗, 그럴 리가 있나. 난 잘 알지도 못하는 물고기에게 잡아먹히는 것만은 피하고 싶었어. **그래서 먹히지 않게끔 껍데기를 엄청나게 두껍게 만들었지.** 몸이 무거워져서 수영은 포기해야 했지만, 대신 모래 속에 파묻혀 가만히 있다 보면 신기하게도 마음이 안정되더군.

그런 나와 비교해서 저 꼬맹이 가리비 하는 짓 좀 봐! **'쾌적한 수온에서 살아가는 나를 찾아서'라고 떠들면서 북쪽이니 남쪽이니 이리저리 떠돌아다니질 않나.** 침착함이라고는 하나도 없나 봐?

그런데 최근 곤란한 일이 생겼어. 수온이 오르락내리락하고 그럴 때마다 북쪽이나 남쪽에 사는 친구들이 픽픽 쓰러져 죽어 가. **우리는 5~19°C의 수온에서만 살 수 있거든.**

돌아가는 상황을 보아하니 불행하게도 이곳 주변 수온도 점점 내려가고 있는 것 같아. 아무리 추워진들 튼튼한 껍데기를 버릴쏘냐! 껍데기를 포기할 바에야 죽는 게 낫지, 암 그렇고 말고.

↓ 가리비 친구

수영이 특기

3 신생대에 멸종

포티펙텐 타카하시아이

멸종 시기	제4기(플라이스토세)
분류	이매패류
크기	껍데기 길이 20cm
서식지	일본, 러시아
먹이	식물 플랑크톤

이럴 걸 그랬어
자꾸 껍데기 속에 들어가 숨다 보니 움직일 일이 없더라.

사실 큰가리비는 껍데기에 눈이 여러 개 있어서 천적이 가까이 다가오는 걸 얼른 눈치채고 껍데기를 열었다 닫았다 하며 헤엄쳐 도망간다. 그런데 헤엄칠 수 없는 대신 '두꺼운 껍데기로 자신을 보호'하는 방향으로 진화한 큰가리비 종류도 있었다. 바로 포티펙텐 타카하시아이다. 플라이스토세에 빙하기와 간빙기가 반복되면서 수온의 변화가 심해 살아남기 어려워졌는데도 포티펙텐 타카하시아이는 무거운 껍데기 때문에 적절한 장소로 이동하지 못해서 멸종한 것으로 보인다.

선캄브리아기	고생대					중생대			신생대		
	캄브리아기	오르도비스기	실루리아기	데본기	석탄기	페름기	트라이아스기	쥐라기	백악기	고제3기	신제3기	제4기

노숙자가 되어서 멸종

흐 어엉~ 어떡하지. 춥고 배도 고프고…. 으아 정말 최악이다. 쟤네 진짜 열 받네…. 왜 내가 쫓겨나야 하는 건데? 왜?

나는 몇십만 년도 전부터 대대손손 동굴에서 살아왔다고! 감히 나중에 나타난 주제에 뻔뻔하게 터줏대감인 날 쫓아내다니….

네안데르탈인이 보이지 않게 된 뒤로 모든 게 뒤숭숭해

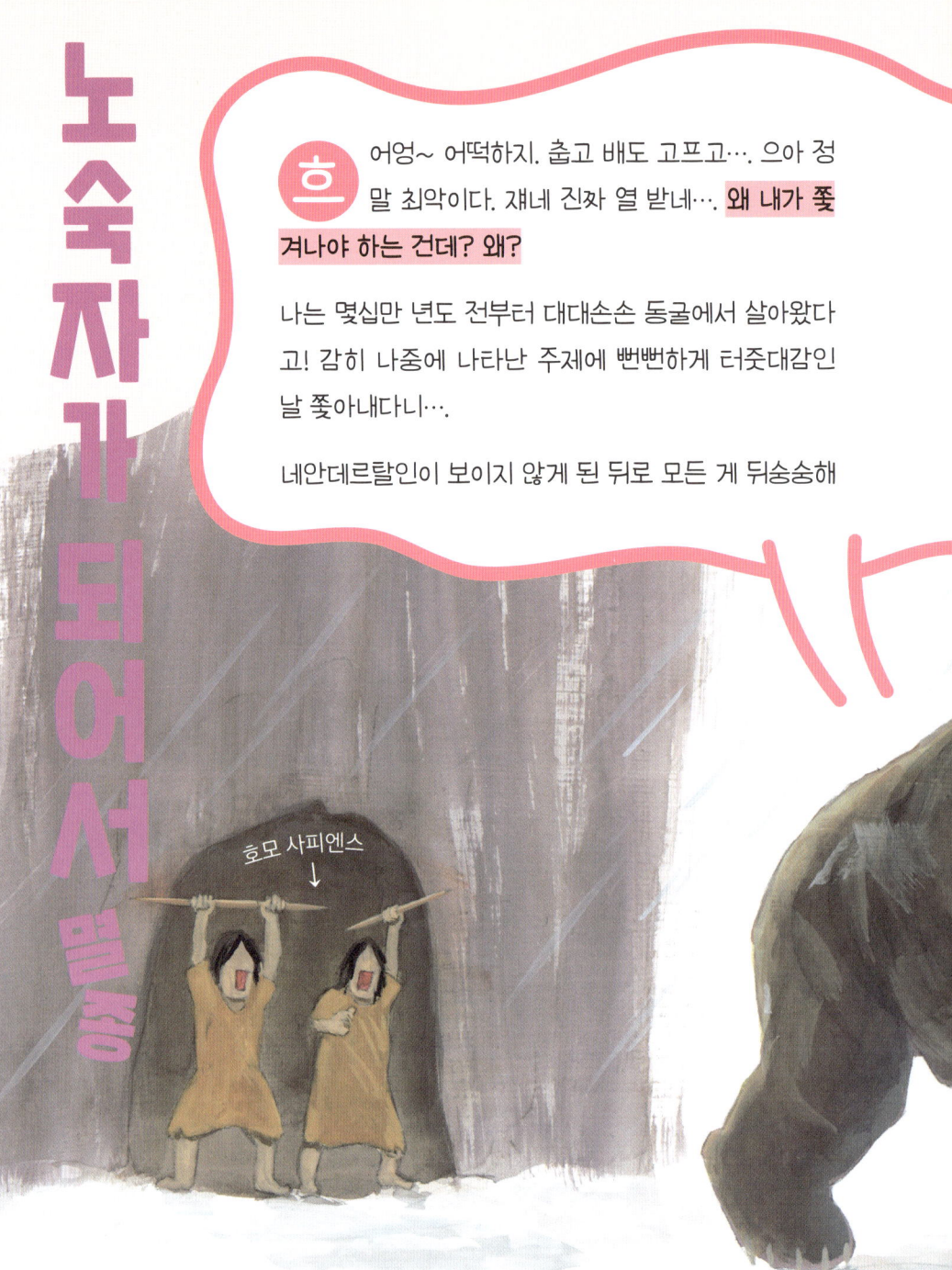

호모 사피엔스 ↓

유럽동굴곰

3 신생대에 멸종

졌어. 여태껏 사람이랑 곰이랑 동굴에서 자기 구역을 지키며 사이좋게 잘 살았거든.

건방진 호모 사피엔스 녀석들. 네안데르탈인을 쳐부수자마자 **"이 동굴은 우리가 차지한다. 넌 이제 방 빼!"** 라고 으름장을 놓는 거야. 도대체 너네가 뭔데! **인정머리도 없이 너무 잔인한 거 아니야?**

아~, 추워서 뼈가 시리다. 어쩌면 좋을까…. 쳇, 내가 동굴을 뚫을 수도 없고, 어디 빈 동굴 없나?

멸종 시기	2만 4000년 전
분류	포유류
크기	몸길이 2.5m
서식지 유럽
먹이	잡식

이럴 걸 그랬어

내 집은 내가 직접 지을 걸 그랬어. 그러면 이런 서러운 일은 안 당하는 건데.

체온을 지키기 위해 몸이 커졌다.

유럽동굴곰은 빙하 시대에 살았던 곰으로 지금의 큰곰보다 훨씬 거대했다. 또 큰곰은 보금자리를 직접 파서 만들지만, 유럽동굴곰은 자연적으로 생긴 동굴을 찾아 자리 잡고 살았다. 그러나 5만 년 전에 호모 사피엔스가 유럽에 진출해서 유럽동굴곰의 집을 빼앗아 살기 시작했다. 쫓겨난 유럽동굴곰은 추위를 견디지 못하고 멸종하고 말았다.

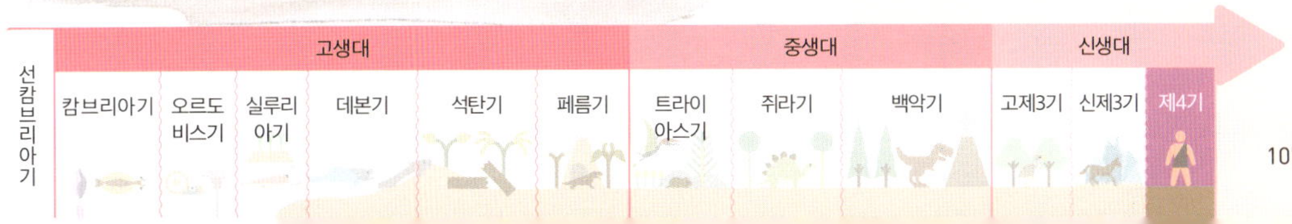

3 신생대에 멸종

아 시끄러워, 또 짖어 대네…. 개는 원래 이렇게 컹컹거리나? 너무 시끄럽게 하면 사람이 눈치채고 다가오니까 좀 조용히 하면 좋겠는데. 작작 좀 해라, 응?

지금까지 100만 년 가까이 자유롭게 살아왔건만. 북아메리카에 사람이 나타난 뒤로는 도망가기 바쁘니, 아이고 내 신세야. 개까지 쫄랑쫄랑 따라다녀서 스트레스로 대머리가 될 지경!

나는 원래도 머리숱이 별로 없었는데…. 털매머드*는 좋겠다, 부러워. 걔는 나랑 같은 매머드지만 추운 곳에 살아서 털이 복슬복슬하대.

엎친 데 덮친 격으로 요즘 건강도 안 좋아…. 관절이 삐걱댄다고 해야 하나, 갈수록 다리뼈 모양이 이상해져서 걸을 때마다 불편해.

환장하겠네 진짜~. 개가 나타나고부터는 좋은 일이 하나도 안 생긴다니까. 이럴 줄 알았으면 친해지지 말 걸 그랬어!

*아이누가 있어서 멸종했습니다 134쪽

멸종 시기	제4기(플라이스토세 말기)
분류	포유류
크기	어깨까지 높이 4m
서식지	북아메리카
먹이	풀

이럴 걸 그랬어
사람이든 개든 정체를 알 수 없는 애들이랑은 가까워지지 말아야 하나 봐.

따뜻한 기후의 북아메리카 남부에 살던 털이 적은 매머드. 몸은 지금의 아프리카코끼리보다 조금 큰 정도지만, 상아는 길이가 최대 5m에 달할 정도로 컸다. 황제매머드가 멸종한 이유는 전염병 때문이라는 주장이 있다. 1만 수천 년 전 빙하기 끝 무렵에 사람과 함께 북아메리카로 이주해 온 개 등의 가축에게서 병이 옮았고, 그 때문에 다리뼈가 변형되어 단기간에 멸종하고 말았다고 한다.

선캄브리아기	고생대						중생대			신생대		
	캄브리아기	오르도비스기	실루리아기	데본기	석탄기	페름기	트라이아스기	쥐라기	백악기	고제3기	신제3기	제4기

쉬어 가기 ❸ 건조화의 노래

초원에서 다시 만나자

• 노래 : 칼리코테리움&말 • 작사 : 풀뿌리 나나 • 작곡 : 보라색 나뭇잎

6.3만 회 재생
좋아요 4223명

(남) 나는 칼리코테리움
　　　긴 팔을 뻗어 나뭇잎을 따 먹네
(여) 나는 말
　　　튼튼한 어금니로 풀 줄기를 씹어 먹지
(남녀) 절대 마주치지 않아, 둘의 시선
　　　 멸종과 생존의 운명이 둘을 갈라놓았으니

(남) 남극이 점점 추워지고 있대
(여) 한 번 눈이 쌓인 뒤로 녹지 않았지
(남) 많은 수분을 빼앗기고 있어
(여) 지구 전체가 건조해져 가네
(남녀) 아무것도 할 수 없어 둘의 힘만으로는
　　　 공기와 사랑은 메마를 뿐

(남) 메마른 대지에서 나무는 자라지 못하네
　　　사라지는 숲 넓어지는 초원
(여) 당신은 나뭇잎을 고집하지만
　　　나는 풀을 먹고 살아갈 거예요
(남녀) 다른 길을 걷기 시작한 우리의 두 발
　　　 결말은 알 수가 없네

(남) 숲에 남아 멸종한 나
(여) 초원에 진출해 살아남은 나
(남) 쓰러진 나를
(여) 바라보는 나
(남녀) 이제야 마주 보네 우리의 시선

4
현대에 멸종

~~~~ 사람 때문에 힘들어!

1만 년 전부터 사람이라는 생물이
점차 번성했습니다.
사람은 지구의 환경을 바꾸고
제멋대로 활개 치고 있습니다.

지구의 일기 ④

내 이름은 지구.
1만 년 정도 전부터 조금 특이한 생물이 보이기 시작했다. <u>바로 '사람'이다.</u> 지금까지 나의 환경이 변할 때마다 많은 생물이 번성하거나 멸종했지만, <u>사람은 스스로 살기 편하게 환경을 만들고 바꿔 나갔다.</u>

물론 사람 말고도 나의 환경을 바꾼 생물은 존재했다. 하지만 사람은 환경을 바꾸는 속도가 남달랐다. 산을 무너뜨리고, 호수를 메우고, 자기들만 살기 좋은 터전을 만들었다.

<u>사람이 손을 대면 완전히 다른 환경으로 탈바꿈되었다. 당연히 주어진 환경에 적응해 살아가던 생물들은 갑자기 터전을 빼앗긴 셈이 되었고, 점점 멸종으로 내몰렸다.</u>

의아한 점은 멸종하는 생물을 보고 가장 크게 소란을 떠는 것이 다름 아닌 사람이라는 사실. 정말이지 이상한 생물이

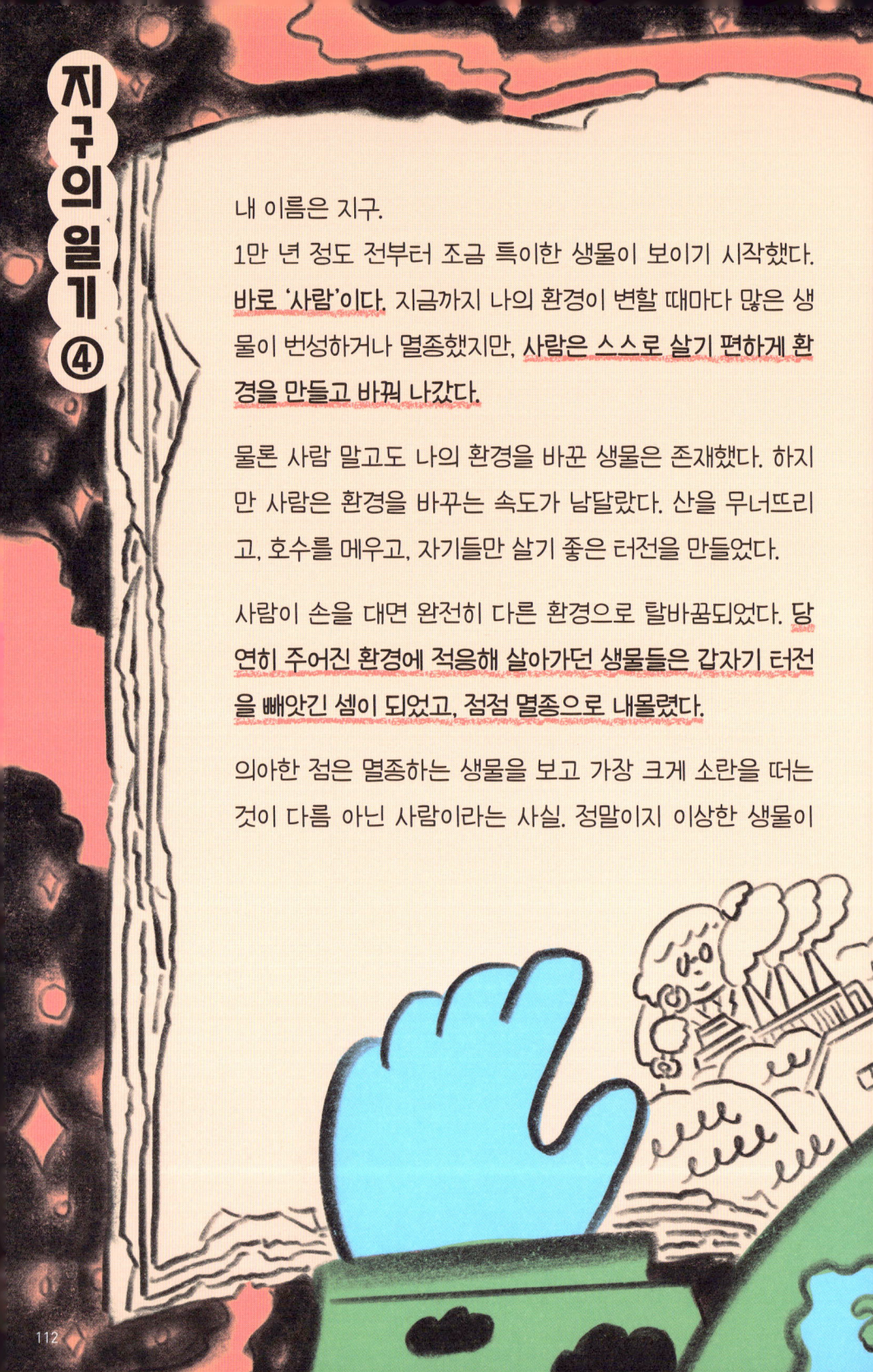

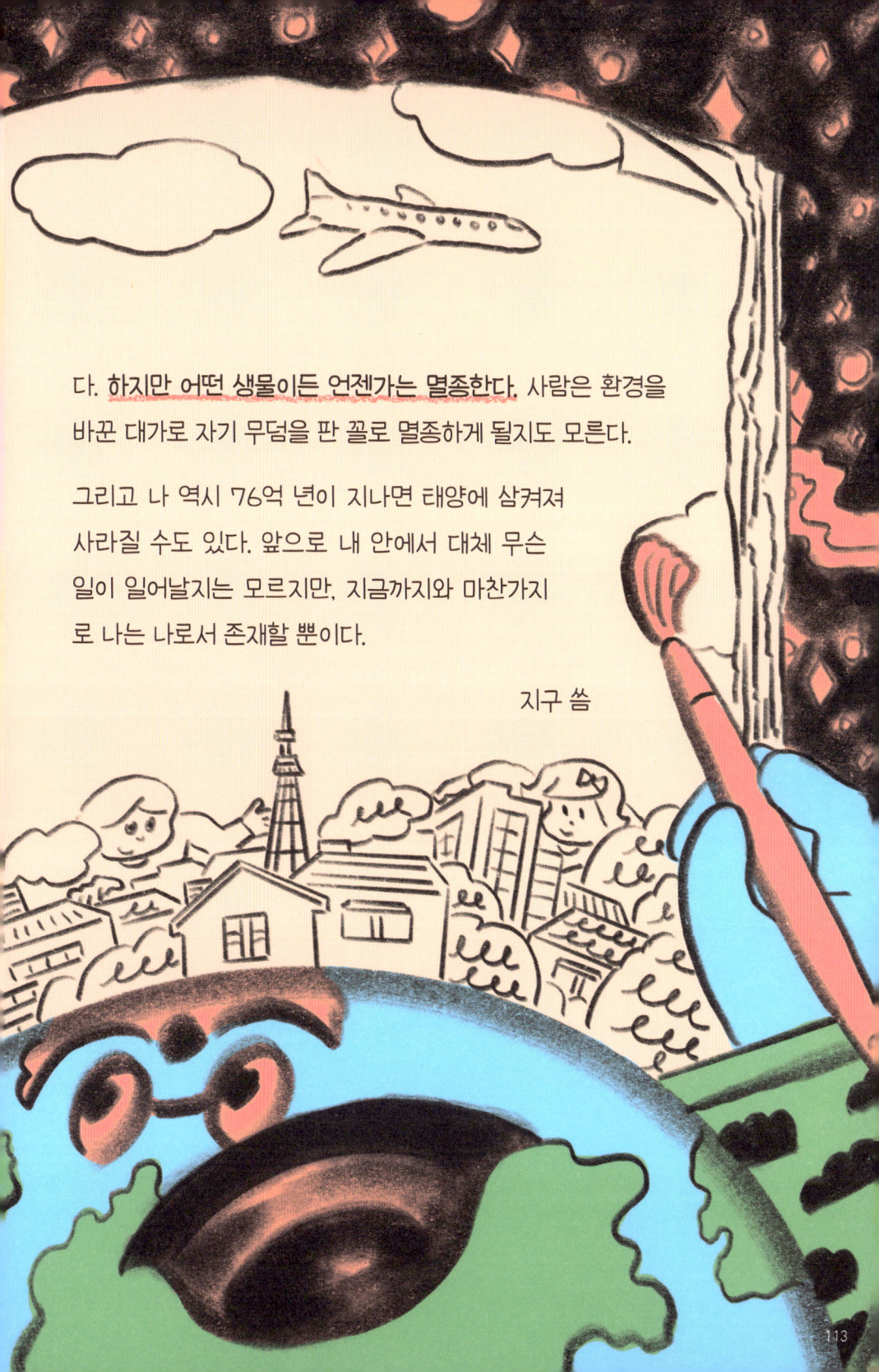

다. 하지만 어떤 생물이든 언젠가는 멸종한다. 사람은 환경을 바꾼 대가로 자기 무덤을 판 꼴로 멸종하게 될지도 모른다.

그리고 나 역시 76억 년이 지나면 태양에 삼켜져 사라질 수도 있다. 앞으로 내 안에서 대체 무슨 일이 일어날지는 모르지만, 지금까지와 마찬가지로 나는 나로서 존재할 뿐이다.

지구 씀

쳇 설마 사람한테 당할 줄이야. 나도 참 바보 같았다. 평화로운 생활을 꿈꾼 것부터 잘못이었어. 나는 원래 적도 근처의 '체체벨트'*에 살았어. **성가신 전염병을 옮기는 체체파리들이 득실대는 곳이야.**

그렇지만 제아무리 체체파리가 들끓어도 나는 아랑곳하지 않았지. 나에게는 줄무늬가 있었으니깐. **줄무늬를 보고 잔뜩 졸아서 가까이도 못 왔거든, 겁쟁이 녀석들.**

(*체체벨트(tsetse belt) : 아프리카 36개국을 뒤덮고 있는 체체파리 서식지)

← 한가로운 소들

콰가

줄무늬가 없어져서 멸종

4 현대에 멸종

어느 날 문득 '파리가 없는 동네에 사는 생활도 괜찮을 것 같아'라는 생각이 들었어. 그 결과가 지금 이 모양 이 꼴이야. **파리가 없는 곳은 사람이 살기 좋은 동네.** 사람들이 하나둘씩 몰려왔고, 결국 나는 사냥당하는 신세가 되었지 뭐람.

원래 살던 곳으로 돌아가라고? 못 가. 어느새 내 몸의 줄무늬가 사라져 버렸거든.

이럴 걸 그랬어
평화로운 장소는 침략당하기 쉬운 장소이기도 해. 그 사실을 빨리 깨달았더라면 좋았겠지.

쫓겨나서 도망쳐 왔다.

멸종 시기	1883년
분류	포유류
크기	어깨까지의 높이 135cm
서식지	아프리카 남부
먹이	풀

콰가는 줄무늬가 사라진 사바나얼룩말의 아종이다. 얼룩말의 줄무늬는 체체파리에게 흡혈당하지 않기 위해서 생겼다는 설이 있다. 열대 지방에 서식하는 체체파리는 무슨 까닭인지 줄무늬를 싫어한다. 콰가가 체체파리가 없는 서늘한 지역에서 살기 시작하자 쓸모가 없어진 줄무늬가 흐려졌다. 하지만 그런 지역은 사람이 살기에도 매우 좋은 환경이라서 이주민이 늘어났고 콰가는 멸종의 과정을 밟게 되었다. (*아종 : 종으로 독립할 만큼 다르지는 않지만 변종으로 하기에는 서로 다른 점이 많고 사는 곳이 차이 나는 한 무리의 생물에 쓴다.)

선캄브리아기	고생대					중생대			신생대		
	캄브리아기	오르도비스기	실루리아기	데본기	석탄기	페름기	트라이아스기	쥐라기	백악기	고제3기	신제3기	제4기

기네스북에도 올랐다.

로키산메뚜기

알 낳을 곳이 없어져서 멸종

꺅! 밀지 마! 아파! 밀지 말라고, 아오!
좀 떨어져 봐! 나 지금 바쁘단 말야!
왜라니 보면 몰라? 알 낳아야 하잖아, 알! **빨리 안 가면 알 낳기 좋은 강변 모래사장을 다른 암컷한테 빼앗겨, 비켜 비켜!**

너 이 쟁탈전을 얕보지 않는 게 좋

4 현대에 멸종

을걸. 우리 메뚜기 무리는 12조 마리가 넘으니까. 무리의 길이는 2900km(킬로미터), 폭은 180km. **우리나라 땅을 몽땅 덮고도 남을 정도로 많은 메뚜기가 지금 이 행렬에 있어!**

가뜩이나 힘든데 요즘 사람들이 우르르 몰려와서 알 낳을 강변 모래사장이 줄어들었어! 사람들이 먹을거리를 제공해 줘서 굶을 걱정은 없어 좋은데, **모래사장에 낳은 소중한 알을 멋대로 파 버려서 진짜 화나!**

그럼 나는 간다! 아야! 밀지 말라고 몇 번을 말해, 인마!

멸종 시기	1902년
분류	곤충류
크기	몸길이 3cm
서식지	북아메리카
먹이	잎, 나무껍질

이럴 걸 그랬어
떼를 지어 다니면서 너무 소란을 피웠어. 얌전하게 살았어야 했나 봐.

로키산메뚜기 무리가 지나간 자리에는 아무것도 남아나지 않았다.

여행비둘기*를 훨씬 뛰어넘어 사상 최대의 무리를 이룬 동물이 로키산메뚜기다. 1874년에는 12조 5000억 마리로 추정되는 무리가 확인되었다. 그러나 그로부터 고작 28년 뒤에 로키산메뚜기는 멸종하고 말았다. 알을 낳는 장소가 파괴되어 멸종했다는 주장이 있다. 사람이 로키산메뚜기가 알을 낳던 강변 모래 지역을 빠르게 농경지로 바꿔서, 알을 낳지도 알을 깨고 밖으로 나오지도 못해 멸종했을 것이다. (*<이유가 있어서 멸종했습니다> 60쪽)

화재로 멸종

수컷은 주황색 볼을 부풀러서 구애한다.

암컷과 알을 찾는 수컷

뉴잉글랜드 초원멧닭

가련한 뉴잉글랜드초원멧닭

지은이 T.C. 큐피드

옛날 옛적 아메리카의 숲에 도토리를 좋아하는 뉴잉글랜드초원멧닭이라는 새가 살았다.

뉴잉글랜드초원멧닭은 새인데도 별로 날지 않았고, 알도 나무 아래에 대충 낳았다. 그것을 본 사람들은 '고기와 알을 마음껏 주울 수 있다!'라며 기뻐했고, 온 나라의 뉴잉글랜드초원멧닭과 알을 닥치는 대로 사냥했다.

겨우 살아남은 뉴잉글랜드초원멧닭은 작은 섬으로 도망쳤다. 그런데 어느 날 숲에 불이 났다. 많은 엄마 뉴잉글랜드초원멧닭이 알을 지키려다가 알과 함께 둥지에서 타 죽고 말았다.

슬픔이 가시기도 전에 이번에는 맹렬한 추위가 뉴잉글랜드초원멧닭을 덮쳤다. 태반이 얼어 죽었고, 사람들은 얼마 남지 않은 뉴잉글랜드초원멧닭을 지키려고 노력했다.

그러나 몇 년 뒤 닭에게 병을 옮아 결국 깡그리 멸종하고 말았다.

4 현대에 멸종

- 멸종 시기: 1932년
- 분류: 조류
- 크기: 전체 길이 43cm
- 서식지: 미국
- 먹이: 도토리, 풀

이럴 걸 그랬어
'위험해'라고 알아차렸을 때는 이미 늦은 뒤였다.

미국 북동부에 서식하던 뉴잉글랜드초원멧닭은 큰초원뇌조의 아종이다. 영국에서 건너온 사람들에게 사냥당해 1870년에는 미국 본토에서 모습을 감췄다. 불행 중 다행으로 마서스비니어드 섬(미국 매사추세츠주)에 77마리가 살아남았지만, 그마저도 1916년 숲에 난 화재와 무시무시한 추위로 그 수가 급격히 줄어들었다. 그 뒤로 닭에게 옮은 병이 원인이 되어 멸종하고 말았다.

땅을 걷다가 멸종

안녕하십니까? 꼬리박쥐살롱을 운영하는 큰짧은꼬리박쥐입니다.

최근 들어 특히 '**하늘을 날 수 있어서 편하겠다**'라는 말씀을 자주해 주시는데요, **큰짧은꼬리박쥐 입장에서는 참 센스 없는 말씀입니다.** 비행하려면 매우 많은 에너지가 필요합니다. 그 사실을 모르는 분들이 너무 많아요. 그래서 저 **큰짧은꼬리박쥐는 하늘 날기를 포기하기로 했습니다.** 과감하게 걷기로 했어요. 앞으로의 시대는 이

살며시 다가오는 시궁쥐의 그림자

큰짧은꼬리박쥐

4 현대에 멸종

게 대세입니다. 박쥐는 포유류 중에서 유일하게 비행 능력을 손에 넣었지만, 오히려 그것을 버리겠어요. **반대로 생각하는 방법에서 얻은 '진화 2.0'이라고 불러 주세요.**

생각해 보세요. 하늘을 날려면 몸을 가볍게 만들어야겠죠? 하지만 이 섬에는 피할 천적이 없습니다. 굳이 사서 고생하지 말고 땅에서 편히 지내며 몸이나 키우는 편이 현명하지 않을까요?

이제 하늘을 나는 것에서 해방되자고요. 마구 먹어서 뚱뚱해집시다. 이것이 바로 정답입니다.

멸종 시기	1965년
분류	포유류
크기	몸길이 9cm
서식지	뉴질랜드
먹이	과일, 곤충

이럴 걸 그랬어
설마 시궁쥐가 섬에 상륙할 줄이야. 트렌드를 예측하기란 어렵네요.

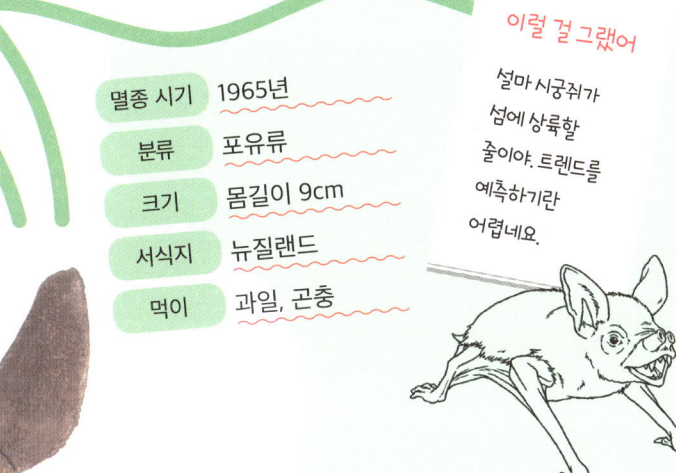

쑥 나와 있는 콧구멍

처음부터 뉴질랜드에 살던 육상 포유류는 세 종류의 박쥐뿐이다. 그중 짧은꼬리박쥐와 큰짧은꼬리박쥐는 천적이 없는 환경에서 지냈기 때문에 하늘을 나는 일이 드물었다. 그런데 시궁쥐(176쪽)가 사람을 따라 섬에 들어와 꼬리박쥐들을 공격했다. 몸이 가벼운 짧은꼬리박쥐는 날아서 도망갔지만, 몸집이 너무 커진 큰짧은꼬리박쥐는 날아오르기까지 시간이 오래 걸려서 잡아먹히고 말았다.

모아가 없어져서 멸종

하스트수리

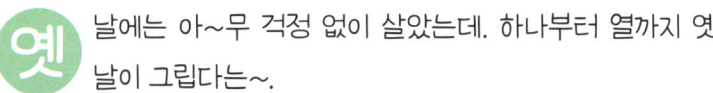

옛 날에는 아~무 걱정 없이 살았는데. 하나부터 열까지 옛날이 그립다는~.

내가 뉴질랜드에서 가장 강했으니 당연한 소린가? 진짜 맹세코 내가 이 구역의 왕이었어. 땅에 사는 포유류는 박쥐밖에 없었는데, 고 녀석이 내 상대가 될 턱이 있나. 그 시절은 새들의 파라다이스였다고나 할까. 참 살기 편한 세상이었다는~.

모아도 아무 데나 널려 있었지. **어, 모아가 뭔지 몰라?** 촌스럽게 그런 것도 모르냐~. **모아는 말이지, 타조랑 비슷한 새야. 땅 위를 걸어 다녀.** 타조보다 큰 모아도 있어! 그렇게 큰 새를 잡아먹었다니 내가 생각해도 사냥 능력이 좀 최고였던 것 같다는~.

하지만 섬에 사람이 찾아온 뒤로 나의 평화는 온데간데없이 사라졌다는~. 눈을 씻고 찾아봐도 모아가 안 보여. 감쪽같이 사라져 버렸어. 사람들이 죄다 사냥했나 봐. 나는 모아를 먹어 버릇해서 조그만 새는 아무리 잡아먹어 봐야 간에 기별도 안 가는데. 아~ 옛날이여.

4 현대에 멸종

그때가 좋았지...

모아 →

멸종 시기	16세기 무렵
분류	조류
크기	전체 길이 1.4m(암컷)
서식지	뉴질랜드
먹이	대형 새

이럴 걸 그랬어
과거의 영광에 집착하지 말고, 사는 방식을 바꿀 걸 그랬다는~.

하스트수리는 사상 최대의 독수리다. 날개를 펴면 몸길이가 3m에 이르지만, 몸 전체 크기에 비하면 날개가 짧은 편이었다. 짧은 날개는 좁은 범위에서의 회전에 유리하기 때문에, 나무 사이를 누비며 날아다녔을 것이다. 발톱과 부리도 끝이 날카롭고 굽은 모양이라서 틀림없이 강력한 사냥꾼이었으리라 생각된다. 뉴질랜드 최강의 포식자였던 하스트수리는 모아라는 날지 못하는 거대한 새를 잡아먹었는데, 모아가 사람에게 사냥당해서 숫자가 줄어들자 모아를 먹지 못해서 멸종한 것으로 짐작된다.

선캄브리아기	고생대						중생대			신생대		
	캄브리아기	오르도비스기	실루리아기	데본기	석탄기	페름기	트라이아스기	쥐라기	백악기	고제3기	신제3기	제4기

이사 온 물고기 때문에 멸종

- 티 오잉? 처음 뵙겠습니다. 새로 오셨나 봐요?
- 곤 안녕하세요! **어제 이 호수로 이사 왔어요**. 곤들매기의 사촌뻘 됩니다.
- 티 어머, 그러시구나~? 저도 같은 수심층에 살고 있으니 잘 부탁해요! 어디에서 이사 오셨어요?
- 곤 미국에서 왔습니다.
- 티 우아~, 좋은 곳에서 살다 오셨네요~. 그래서 덩치도 크신가 봐요. 저보다 3배 정도는 크신 듯해요.

티티카카 오레스티아

전체 길이 25cm

곤들매기의 사촌 ↓

4 현대에 멸종

- 🔴 이 호수는 널찍하고 온도도 시원한 것이 살기 좋은 동네 같아요. 흡족합니다.
- 🔵 그래요? 근데 왜 이런 호수까지 오게 되었는지 물어봐도 될까요?
- 🔴 사람들이 도시에서 데려왔어요.
- 🔵 아이고 참 힘들었겠네요. 배라도 든든히 채우고 힘내세요.
- 🔴 넵! 그러고 보니 이 호수에 티티카카 오레스티아라는 무척 맛있는 물고기가 산다는 소문을 들었는데요.
- 🔵 네?
- 🔴 네?

전체 길이 90cm

멸종 시기	1960년
분류	경골어류
크기	전체 길이 25cm
서식지	티티카카호
먹이	갑각류, 작은 물고기

이럴 걸 그랬어
다른 수심층으로 이사했어야 했는데.

안데스산맥에 있는 티티카카호는 마이오세에 생겼다고 여겨지는 고대 호수이다. 티티카카호에는 고유한 생물이 많이 사는데, 그중에서도 황금색으로 빛나는 티티카카 오레스티아는 유명했다. 그런데 1937년부터 사람들이 곤들매기 종류인 연못송어나 무지개송어, 페헤레이를 호수에 풀어놓았다. 아마도 현지에 사는 사람들의 음식 재료로 사용하기 위해서였을 것이다. 새로 등장한 물고기들과의 경쟁에서 밀린 티티카카 오레스티아는 20년 정도 버티다가 멸종하고 말았다.

선캄브리아기	고생대						중생대			신생대		
	캄브리아기	오르도비스기	실루리아기	데본기	석탄기	페름기	트라이아스기	쥐라기	백악기	고제3기	신제3기	제4기

죄수한테 잡아먹혀서 멸종

내 말 좀 들어 줄래? 어째서 이 섬에서 도마뱀이 차례로 모습을 감췄다고 생각해?

애초에 이 섬은 줄곧 무인도였거든. **천적이 없으니 내 몸도 무럭무럭 커졌지.** 1833년에 어떤 사건이 터졌어. **어느 나라가 죄수 30명을 나한테 말도 없이 이 섬에 보냈더라.** 바로 유배라는 거지.

등 비늘이 매끈매끈

지방은 상처에 바르는 약으로 사용되었다.

카보베르데도마뱀

4 현대에 멸종

죄수들은 맨몸으로 쫓겨났으니 당연히 배가 고팠겠지? 자, 그다음에 무슨 일이 일어났을까? 어? 당연히 아무거나 잡아먹으려 했겠지? **예를 들어 나 같은 도마뱀?**

그런데 죄수가 어떤 족속들이냐면…. 지금 눈앞의 탐욕을 감추지 않는 파렴치한 사람들이란 말이지. 뭔지 알겠어? **'이거 먹어도 될까?'라는 표정이 그대로 드러난단 말이야.**

그래, 내 말을 믿고 안 믿고는 네 마음이지만, 나 좀 도와주지 않을래?

멸종 시기	1940년
분류	파충류
크기	전체 길이 60cm
서식지	카보베르데 제도
먹이	식물의 씨앗, 바닷새의 알

이럴 걸 그랬어
너무 많은 비밀을 알고 있었어. 모래 속에 숨어 있어야 했어.

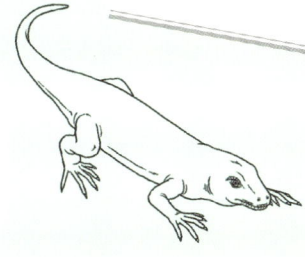

서아프리카 먼바다에 있는 카보베르데 제도. 카보베르데도마뱀은 그중에서도 블랑코섬과 라소섬에만 살았다. 가까운 섬에 사는 도마뱀보다 몸이 2배나 길었는데, 아마도 천적이 없는 환경에서 지내면서 자연히 몸이 커졌을 것이다. 그러나 1833년 카보베르데도마뱀이 살던 섬이 유배지가 되면서 상황이 달라졌다. 유배된 죄수들이 대형 도마뱀을 찾아서 숲을 휘젓고 다녔고, 결국 모조리 잡아먹혀 멸종하고 말았다.

라니냐 현상 때문에 멸종

Ⓐ …아직 멀었습니까?
Ⓑ 마지막 순서의 대기 시간이 일곱 시간이래.
Ⓒ 말이 되냐? 그냥 땅속에 있을 걸 그랬나 봐~.
Ⓑ 암컷이 알 낳아 주는 기회는 일 년에 한 번뿐이니 기다리자.
Ⓒ 뭐, 우리가 암컷과 만날 수 있는 날이 별로 없긴 해~.
Ⓐ 근데 춥지 않습니까?
Ⓑ 몸이 꽁꽁 굳어 버린 것 같아.
Ⓒ 아~ 물웅덩이는 언제 열리는 거야. 주최 측은 일을 하는 거야, 마는 거야~.
Ⓑ 그러고 보니 올해는 알 낳을 수 있는 웅덩이가 엄청나게 줄어들었다던데.
Ⓐ 앗, 사실입니까?
Ⓒ 그 소문 나도 들었어~. 라니냐인가 뭔가 하는 현상 때문이라 카더라~.
Ⓑ 라니냐 현상 때문에 따뜻하고 축축한 공기가 서쪽으로 비껴가서 이곳이 **엄청나게 추워진 데다가 비도 전혀 내리지 않는다고** 하던데.
Ⓐ 어, 그거 개구리 입장에서는 꽤 심각한 일 아닙니까?
Ⓒ 알 낳고 앉아 있을 상황 맞냐, 어이!
Ⓑ 아무리 그래도… 일 년에 한 번뿐인데.
Ⓒ 잔말 말고 기다리자.

암컷은 온몸이 주황색

수컷은 얼룩무늬

4 현대에 멸종

황금두꺼비

이럴 걸 그랬어
날씨에 영향받지 않게 서식지가 넓었다면 좋았을 것 같습니다.

멸종 시기	1989년
분류	양서류
크기	전체 길이 5cm
서식지	코스타리카 중부의 해발 1590m 부근
먹이	곤충, 지렁이

암컷이 주황색을 띠는 소형 두꺼비. 평소에는 땅속으로 파고들어 지렁이 등을 잡아먹고, 짝짓기할 때만 땅 위에 나타났다고 한다. 그런데 1988년과 1989년에 '라니냐'라는 대규모 이상 기후 현상이 일어났다. 그 결과 황금두꺼비의 서식지가 추워지고 건조해졌을 뿐만 아니라 비까지 내리지 않게 되면서 알을 낳는 장소인 웅덩이가 사라져 단번에 멸종해 버린 것 같다.

선캄브리아기	고생대						중생대			신생대		
	캄브리아기	오르도비스기	실루리아기	데본기	석탄기	페름기	트라이아스기	쥐라기	백악기	고제3기	신제3기	제4기

에피오르니스(코끼리새)

느린 다리

알 높이 40cm

알을 빼앗겨서 멸종

알을 빼앗겨서 곤란한 상황이에요. 한시라도 빨리 도와주시길 부탁드립니다!

저는 아프리카 마다가스카르섬에 사는 암컷 새입니다. 올해 열 살입니다. 몸이 엄청나게 커서 키는 3m, 몸무게는 700kg 가까이 나갑니다.

4 현대에 멸종

엄마인 저를 닮아서 **알도 매우 크고 눈에 잘 띕니다.** 그래서인지 최근 모래 위에 낳아 놓은 알을 자꾸 도둑맞습니다.

범인이 누구인지 알고 있습니다. 사람이에요. 얼마 전에 우연히 보았는데, **사람들은 알을 깨 먹기도 하고 알껍데기에 물을 담아서 물통 대신 쓰더군요.** 제가 받은 충격은 말로 표현할 수 없을 정도입니다.

알을 그만 훔쳐 가게 만들 방법이 있을까요?

| 보충 설명 |

알을 땅에 낳은 제가 잘못했다는 의견도 있던데, **모래 위에서 햇볕을 쬐어야 알이 부화합니다.**

멸종 시기	16세기
분류	조류
크기	정수리까지의 높이 3m
서식지	마다가스카르섬
먹이	풀, 열매

이럴 걸 그랬어

역시…, 내가 직접 알을 품어야 했나요?

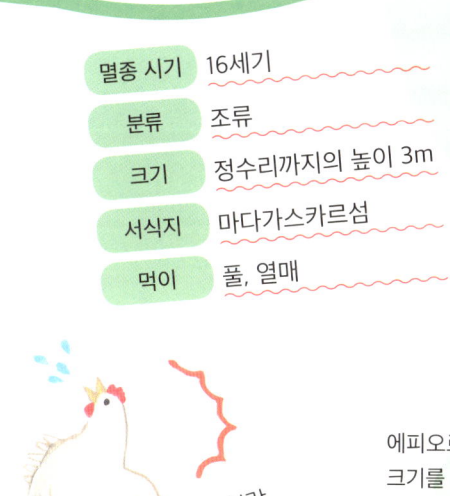

닭이랑 차원이 달라!

에피오르니스는 누구보다 무거운 조류로, 알도 최대 크기를 자랑했다. 에피오르니스는 알을 품지 않고, 모래 위에 낳은 다음 태양열로 부화시켰다는 설이 있다. 알이 무척 크고 단단했기 때문에 다른 생물이 호시탐탐 노린다고 하더라도 걱정 없었을 것이다. 그러나 사람이 마다가스카르섬에 상륙한 뒤 알을 발견하여 음식 재료로 사용하고, 껍데기를 그릇으로 이용했다. 그 탓에 원래도 번식 능력이 좋지 않았던 에피오르니스는 쉽게 멸종하고 말았다.

지구 온난화 때문에 멸종

브램블케이 멜로미스

브램블 케이

도와줘!

4 현대에 멸종

브램블 케이를 찾아 주신 여러분 환영합니다.
　　보시는 바와 같이 이 섬의 크기는 야구장 정도밖에 되지 않습니다. 하지만 이것 좀 보십시오. 환상적인 바다 전망. 가까이에는 아름다운 산호초도 있습니다. 덧붙여 말씀드리자면, 이 섬 자체가 산호초입니다.

섬의 특산품은 쇠비름이라는 풀입니다. 끓는 물에 데치면 끈적끈적해지고, 맛이 아주 좋습니다. 제대로 알고 계시는군요. **초여름에는 바다거북이 알을 낳으러 찾아오는 모습을 자주 보실 수 있습니다.** 그 알도 참 별미랍니다.

최근에는 지구가 따뜻해져서 남극과 북극 주변의 얼음이 녹는 바람에 해수면이 조금 상승했습니다. **지구 온난화 때문에 바다에서 먹을거리를 못 구한다는 불평도 많던데, 먹을 걱정을 하기 전에 섬 자체가 가라앉을 것 같습니다.** 이미 벼랑 끝까지 내몰린 경영 상태지만, 바다를 가까이에서 볼 수 있다는 점만은 확실합니다. 아무쪼록 편히 쉬시길 바랍니다.

멸종 시기	2016년
분류	포유류
크기	몸길이 15cm
서식지	호주 브램블 케이
먹이	식물 씨앗, 바다거북의 알

이럴 걸 그랬어
다른 섬으로 옮길 계획을 세웠어야 했나?

멜로미스는 호주의 브램블 케이에만 서식하던 쥐의 한 종류이다. 이 섬의 면적은 고작 3만 6200㎡(제곱미터)이고 가장 높은 곳이 3m에도 미치지 못하는데, 지구 온난화로 해수면이 상승하여 섬의 면적이 계속 작아지고 있다. 원래 좁은 섬이었기 때문에 멜로미스는 기껏 해 봐야 수백 마리 정도 살고 있었지만, 섬이 더욱 좁아지면서 먹이인 식물도 줄어들어서 멸종하고 말았다.

조개만 먹어서 멸종

바위에 붙어 있는 조개를 떼어 내 먹는다.

까치오리

까치오리의 고기는 맛없었다고 한다.

4 현대에 멸종

- ♠ 헬로~ 엠마! 수영하는 자세가 완전히 뉴요커네. 유후~♪
- ♡ 놀리지 마, 이던. 대꾸해 줄 기분 아니야.
- ♠ 무슨 일 있었어?
- ♡ 저 가게에 붙어 있는 포스터 좀 봐.
- ♠ …클램차우더 수프 판매 시작? 우아, 맛있어 보인다!
- ♡ 이던, 농담이라면 그만둬. 저쪽을 잘 보라고!
- ♠ …조개? 재, 재료가 조개라는데!?
- ♡ 조개가 아니면 뭐겠니?
- ♠ 엠마, 이건 악몽이야. 조개라면 우리 먹이 아니냐고!
- ♡ 이던, 침착해.
- ♠ 굳이 다른 새들이 안 좋아하는 조개를 선택해서 근근이 살아 왔더니!
- ♡ 냉정해져 이던! 조용히 하고. 내 눈을 봐.
- ♠ 엠마, 미안해. 내가 잘못했어.
- ♡ 괜찮아. 조개나… 먹지 그래?
- ♠ 말리지 마, 차우더고 뭐고 내가 가만두지 않을 거야.

이럴 걸 그랬어
먹기 힘든 조개 말고 해조류를 먹는 게 더 나을 뻔했어. 후유~.

멸종 시기	1878년
분류	조류
크기	전체 길이 50cm
서식지	북아메리카 동해안
먹이	조개, 갑각류

뉴욕 부근의 해안에서 주로 조개를 먹고 살던 바다오리. 새는 조개껍데기를 부수기 힘들고, 통째로 삼키면 몸이 무거워져 날기 힘들어서 조개를 먹는 새는 별로 없다. 까치오리는 틈새를 공략해서 조개를 삼킨 다음 모래주머니에서 으깨는 방향으로 진화했다. 까치오리의 개체 수는 많지 않았다. 그런데 해안까지 도시로 발전하자, 먹이인 조개가 줄어들었고, 서식지마저 좁아져서 멸종에 이른 것 같다.

긴급 특집

사람 인터뷰 ①

생물이 멸종한 이유를 살펴보면 사람이 원인인 경우가 적지 않습니다. 같은 지구의 구성원이면서 다른 생물들을 위협하는 사람은 어리석고 죄 많은 생물일까요. 이런저런 사정을 직접 들어 보니 저마다 나름대로 이유가 있었다는 사실을 알게 되었습니다.

(취재 : 멸종 뉴스 특별팀)

이봐요, 왜 멸종시킨 겁니까?

당연히 내가 살기 위해서였다, 우가우가!

배가 고프면 사냥하는 것이 당연하다, 우가! 잡아먹지 않으면 내가 죽는다, 우가! 잡기 쉬운 생물이 있으면 그 녀석만 골라서 사냥하는 게 너무나도 당연한 게 아닌가, 우가!

지구를 모험했을 뿐!

배를 타고 처음 도착한 섬에서 듣도 보도 못한 생물을 발견하면, 궁금해서 일단 붙잡고 싶어지지 않겠소. 그중에 보존 식량이 될 법해 보이는 동물이 있으면 사냥해서 배에 쌓아 두도록 했소이다. 다음에 또 와서 지낼 때 잡아먹을 돼지나 염소를 미리 풀어 두는 것도 탐험가에게는 중요한 일이라오.

괜찮을 줄 알고….

채소나 과일을 엉망으로 만드는 해충을 물리치려고 천적을 데려왔는데, 없애라는 해충 말고 엉뚱한 생물을 멸종시키지 뭐예요. 자연이란 내 맘대로 되지 않더라고요….

사람이 풍요롭게 살기 위해서

우리는 연못이나 웅덩이를 메우고, 산을 깎고 무너뜨려서 농경지와 길을 만들었어. 자연을 보호해야 한다는 사실도 물론 잘 알고 있어. 하지만 우리가 편리하게 살기 위해 어쩔 수 없지 않을까?

찬성파와 반대파의 의견을 들어 봅시다!

다음 쪽에서 👉

경쟁은 냉혹한 법

다른 생물이 나타났다는 이유로 멸종하는 약한 생물은 어차피 사라질 운명 아니었겠어? 생물은 모두 살아남기 위해 경쟁하고 있으니 어쩔 수 없는 결과야.

생물은 몇백만 종이 있고, 그중에 고작 몇 종류가 멸종했다고 해서 무슨 문제가 있다는 건지 도통 모르겠지머니. 그런 곳에 돈을 펑펑 쓰는 건 바보 같아. 멸종 직전의 개구리를 살린다고 큰돈을 쓸 바에야 굶주린 아이들에게 밥을 사 주는 편이 훨씬 좋지 않겠니머니?

소든 말이든 채소와 뭐가 다르죠?

사람은 다른 생물을 죽이지 않고는 살아갈 수 없어요. 평범하게 살아도 많은 생명을 빼앗을 수밖에 없는데, 자기와 직접 관계되지 않은 생물에만 '숫자가 적으니까 죽이면 불쌍해'라고 한다면 현실을 제대로 보지 못하는 태도가 아닐까요.

정말로 그럴까요? 찬성파의 의견을 들어 보았는데,

긴급 특집

사람 인터뷰 ③

생물에게는 무한대(∞)의 가능성이 있다!

유글레나가 건강식품과 친환경 연료로 이용되거나, 투구게의 혈액에서 새로운 약이 개발된 것처럼 의외의 생물이 사람에게 이로울 때가 있다. 앞으로도 새로운 발견이 계속될지도 모르므로, 다양한 생물이 존재하는 것은 중요하다.

멸종 반대파의 의견을 물었습니다.

결국 우리가 곤란해지기 때문이에요.

사람이 이만큼 진화할 수 있었던 것은 지금까지의 자연환경이 존재한 덕분이에요. 그래서 자연과 동떨어져서 살아가는 방법은 부자연스럽거니와, 예기치 못한 문제가 일어날 가능성도 있지요. 우리가 진화해 온 환경을 비롯해 함께 살아가는 생물들을 지키는 일에는 큰 의미가 있다고 생각해요.

못 보게 되는 것은 싫어!

그 생물의 살아 있는 모습을 두 번 다시 볼 수 없게 되다니, 너무 슬퍼. 지구의 어딘가에서 살아 있기라도 한다면, 언젠가 만나러 갈 수 있을지도 모르잖아. 사람의 이기심일지도 모르지만, 만나러 가는 것은 나쁜 일일까…?

사람에 의한 멸종은 '다음'이 없다!

나는 사람이 아니지만, 말 좀 하게 해 주게. 사람이 환경을 바꿔서 일어나는 멸종은 새로운 진화를 낳지 못한다멍. 인위적인 환경이라는 것은 일부 생물만 살기 좋은 환경이기 때문이라멍. 이대로 지구의 환경을 계속 뜯어고친다면 가축, 농작물, 해충 정도만 사는 별이 되고 말지도 모른다멍.

무엇이 옳고, 무엇이 그를까요? 세계는 상상 이상으로 복잡한 것 같네요. 여러분은 어떻게 생각하나요?

쉬어가기 ④ 품종 개량의 노래

My Lovely CHESHO ROMANCE

• 노래 : 채소들　• 작사 : 고기 생선　• 작곡 : 샐러드P　　7.9만 회 재생　**좋아요** 5001명

CHESHO CHESHO 맛있는 CHESHO
CHESHO CHESHO 최고야 CHESHO

양배추는 싹을 크게, 케일은 잎을 크게
브로콜리와 콜리플라워는 꽃을 크게!

자꾸자꾸 달라지는 우리들
네가 그러길 바라니까
사람 손으로 개량되어 태어난
바로 나 CHESHO 맛있는 CHESHO

토마토는 더 달콤하게
수박은 씨 없게
콜리플라워를 개량하면 로마네스코!

가끔 떠올라 예전 우리들
네가 눈길도 주지 않던 시절의 모습이
그래서 독성도 질긴 잎도 모두 버렸지
바로 나 CHESHO 맛있는 CHESHO

더 달게 크게 부드럽게
자꾸자꾸 달라지는 우리들
얼마든지 먹어도 좋아!
네가 우리에게 관심이 많을수록
CHESHO 유전자는 계속 살아남을 테니까

(*CHESHO : 채소라고 읽어 주세요)

5
멸종할 줄 알았는데
멸종하지 않은 생물

살아남았지만 힘들어!

혹독한 지구 환경 속에서 '살아남기'란
하늘의 별 따기처럼 힘든 일. 하지만 계속
'살아가기'가 그보다 어려울지도 모릅니다.
젖 먹던 힘까지 끄집어내서 그럭저럭 살아가고 있습니다.

지구와 함께 쓰는 교환 일기 ①

지구 님께

저는 절대로 멸종당하지 않을래요. 제발 살아남는 방법을 알려 주세요!

ID : 끈질긴 생존 소녀

끈질긴 생존 소녀 님께

진솔한 생각을 적어 주어서 감사합니다.

먼저 미안한 말을 해야 할 것 같네요. 확실한 방법은 나도 모릅니다.

하지만 살아남기 위해서 알아 두어야 할 중요한 내용이 있어 적어 줄게요.

'지구의 변화에 대응하기'를 기억해 두세요. 주어진 환경에 익숙해지면 자기도 모르게 우쭐한 마음이 드는지 몸집을 거대하게 만들기도 하던데, 그런 식의 번성은 오래가지 못합니다. 왜냐하면 나는 항상 변하고 있거든요.

또 '모두가 꺼리는 환경에서 살기'도 하나의 방법입니다. 너무 덥고, 너무 춥고, 먹이가 적고, 산소가 적고…. 그러한 환경은 경쟁자가 없다시피 하므로 만약 당신이 그곳에서 지낼 수만 있다면 여유를 즐기며 천년만년 살 수 있을지도 모릅니다.

지구 씀

입이 빨판으로
변해서 살아남은

바로 이 맛이야~! 물고기가 부지런히 움직일 때 영양분을 빨아 먹었더니 맛이 끝내주네~!

세상은 약육강식이라느니 끊임없이 달라져야 한다느니 시끄럽던데, 다들 부지런하구먼~. **나는 4억 년 전부터 별로 진화하지 않았는데도 아직 별일 없이 사는 데 말이야.** 나 홀로 속 편하게 살아서 미안하구먼~!

내 말 좀 들어 봐. 순진하게 정면 승부해서 이기려고 하니까 실패하는 거야. 나는 내가 약하다는 사실을 누구보다 잘 알고 있어. 몸뚱이도 원시적이지, 턱이 없어서 콩알만 한 물고기도 못 씹어 먹지.

대신 빨판같이 생긴 입으로 다른 물고기한테 딱 달라붙어서 살점이나 피를 얻는 길을 선택했어. 잘나가는 녀석 하나 찾아서 작정하고 기생하면 얼마든지 잘 살 수 있어. 그러니 너도 포기하지 마! 어때, 감동한 눈치구먼?

뭐~, 사는 방법이란 각자 다른 거 아니겠어. 씹어 먹는 것을 고집하면서 먹이를 찾아 헤매는 것도 나쁘지 않다고 생각해. **나는 씹을 이빨도 없지만.**

칠성장어

물고기에게 달라붙어서
피를 냠냠 쪽쪽

기생을 안 하는 경우도 있다.

5 멸종할 줄 알았는데 멸종하지 않은 생물

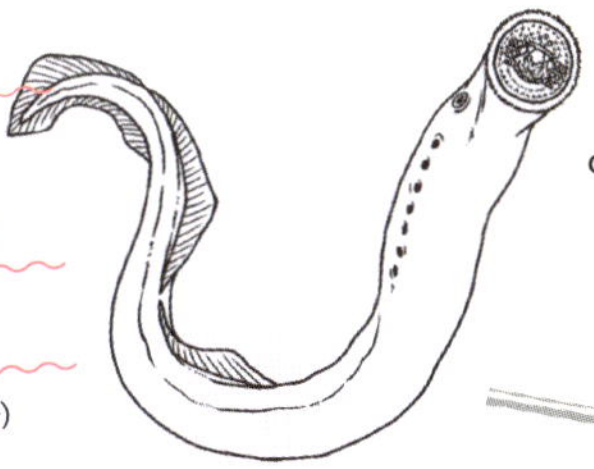

이래서 살았어

알량한 자존심일랑
던져 버리고
내 몫을 챙기자
이거야.

분류	원구류
크기	몸길이 13cm~1m
서식지	북아메리카, 남아메리카, 유럽, 아시아, 호주 해안의 담수* 지역
먹이	물고기

(*담수 : 강이나 호수 따위와 같이 염분이 없는 물)

칠성장어 종류는 물고기로 구분되는 생물 중에서 가장 원시적인 존재다. 칠성장어는 온몸의 뼈가 부드러운 연골로 이루어져 있다. 턱이 없어서 먹잇감을 물어뜯을 수도 없다. 동그란 모양의 입으로는 달라붙는 것만 가능하다. 칠성장어는 이 입을 이용해서 자기보다 진화한 경골어류(딱딱한 뼈를 가진 물고기)에게 붙어산다. 이빨처럼 단단하게 변화한 피부로 물고기에게 상처를 낸 다음 흘러나오는 체액을 빨아 먹는다.

선캄브리아기	고생대						중생대			신생대		
	캄브리아기	오르도비스기	실루리아기	데본기	석탄기	페름기	트라이아스기	쥐라기	백악기	고제3기	신제3기	제4기

147

뇌가 작아서 살아남은

나 는 지금 **맹렬한 속도로** 달리고 있어. 그런데 왜 달리기를 시작했더라!?

앗, 생각났다! 3km 앞에 사자가 있었어. 나는 볼 수 있거든. 눈이 엄청 크니까. **뇌보다 눈이 1.5배 무거우니** 말 다 했지. 골프공보다도 크지롱! 새에게는 눈이 생명. 그래서 뇌보다 눈이 중요해! 잇힝!

잠깐, 무슨 말을 하고 있었더라? 아, 맞다, 나 사자한

타조

새 중에서 유일하게 발가락이 두 개

5 멸종할 줄 알았는데 멸종하지 않은 생물

테서 도망치려고 죽을 둥 살 둥 달렸어. **정신 차려 보니 시속 70km로 뛰고 있더라고. 내가 빠른 것은 머리가 작은 덕분이야.** 머리가 작아서 얇고 길게 뻗은 목을 가질 수 있었지. 모델처럼 우아하지 않니? 나 슈퍼 모델이 꿈이야!

이게 아닌가? **머리가 가벼우니 온몸의 근육을 발에 집중시켜서 달리기가 특화된 거야.** 에라 모르겠다, 왜 달리는지 알 게 뭐야! 하지만… 나는 계속 앞으로 나아간다!

육상 동물 No.1에 빛나는 눈알 크기

이래서 살았어
아무 생각 없이 달리는 것이 행복의 지름길!

분류	조류
크기	정수리까지 높이 2.5m
서식지	아프리카
먹이	풀

타조는 육지에서 빠른 부류의 동물이다. 단거리는 시속 70km, 장거리는 시속 55km로 한 시간이나 쉬지 않고 달릴 수 있다. 머리가 크면 빨리 달리지 못하기 때문에 뇌의 크기를 희생했지만, 목이 길어지고 눈알이 커지는 쪽으로 진화해서 멀리까지 잘 볼 수 있다. 또한 날개 근육량은 적지만 다리 근육은 탄탄하다. 이렇게 진화하여 생존 경쟁이 치열한 아프리카 사바나 초원에서 초식 조류 중 유일하게 살아남을 수 있었다.

선캄브리아기	고생대						중생대			신생대		
	캄브리아기	오르도비스기	실루리아기	데본기	석탄기	페름기	트라이아스기	쥐라기	백악기	고제3기	신제3기	제4기

최강이
아니라서 살아남은 상어

군 이미지가 강한 상어. 인터뷰를 통해 만난 상어는 대단히 점잖은 태도로 이렇게 말했다.

"사실 제가 최강이라고 생각한 적은 없습니다."

상어가 이렇게 말한 배경에는 어떤 쓸쓸한 경험이 깔려 있었다.

약 4억 년 전에 등장한 상어의 조상은 사실 한 번도 바다의 왕자가 된 적이 없다. 데본기에는 둔클레오스테우스*에게, 쥐라기에는 어룡**에게, 백악기에는 수장룡과 모사사우루스***에게 졌다.

"지금도 고래와 맞붙는다면 솔직히 이길 자신이 없어요."

그런 상어가 싸움을 거듭하며 익힌 생존 비결이 있다고 한다.

최후에 살아남은 자가 승자.

"저보다 강했던 생물은 모두 멸종했습니다. 몸집이 커서 살아남으려면 무지막지하게 먹어야 했으니, 환경의 변화에 약할 수밖에 없었죠. 굳이 싸워서 이길 필요도 없어요. 죽지 않으면 그걸로 충분합니다."

상어의 도전은 앞으로도 계속될 예정이다.

*《이유가 있어서 멸종했습니다》 102쪽 **《이유가 있어서 멸종했습니다》 28쪽 ***50쪽

5 멸종할 줄 알았는데 멸종하지 않은 생물

둔클레오스테우스

모사사우루스

이래서 살았어
'일등에 집착하지 않기'가 비결이었습니다.

분류	연골어류
크기	전체 크기 20cm~14m
서식지	전 세계의 바다
먹이	물고기, 조개, 갑각류, 포유류 등

상어는 약 4억 년 전부터 바다의 포식자로 지금까지 살아남았다. 그러나 최강의 사냥꾼으로 군림한 시대는 거의 없었다. 고생대의 판피류나 극어류, 중생대의 어룡이나 수장룡이나 모사사우루스류, 신생대의 고래나 바다표범 등 언제나 무시무시한 경쟁자가 있었고, 그들과 힘겨루기를 해야 했다. 그래서 각 시대를 겪을 때마다 빠르게 진화하면서 살아남았을 것이다.

선캄브리아기	고생대						중생대			신생대		
	캄브리아기	오르도비스기	실루리아기	데본기	석탄기	페름기	트라이아스기	쥐라기	백악기	고제3기	신제3기	제4기

151

영국으로 끌려가서 살아남은

베드포드 공작의 별장 워번 수도원

사불상

5 멸종할 줄 알았는데 멸종하지 않은 생물

헤 이 유! 어디서인가 me(미)와 만난 적 없어? 잘못 봤나, 쏘리~. 그럼 좀 어때. 이렇게 만난 것도 인연인데 me의 파란만장한 인생 스토리나 듣고 가.

me의 조상은 사람 때문에 보금자리에서 쫓겨나 멸종 일보 직전까지 갔는데, **중국 황제의 정원에서 지내게 되면서 가까스로 살아남았어.**

그때 어떤 프랑스인 신부가 나타났는데, 그 사람은 나중에 자이언트 판다를 발견했다더라. **아무튼 me들은 유럽으로 끌려갔고, 이번에는 동물원에서 식구를 팡팡 늘렸지.**

하지만 그 뒤에 홍수랑 전쟁에 휘말렸고, 동물원에서 새끼 낳기가 어려워져 유럽과 중국에 살던 우리 무리들은 전멸하고 말았어.

이제는 완전히 망했다고 생각했거든. 그런데 죽으란 법은 없다더니, me들은 희귀 동물을 좋아하는 어느 영국 귀족 덕분에 애완동물로 살아남았어! 황제와 신부와 귀족에게 휘둘리는 운명이라니, me의 팔자도 참으로 기구해.

분류	포유류
크기	어깨까지의 높이 1.2m
서식지	중국, 영국
먹이	물풀

이래서 살았어
사람의 호기심과 좋지 못한 취미 덕분에 살아남다니 참 얄궂은 운명이야.

사불상은 습지에 사는 사슴 종류인데, 1865년에는 중국 황제의 사냥터에만 남아 있었다. 중국에서 사불상을 발견해서 유럽으로 보낸 사람은 프랑스의 다비드 신부다. 하지만 사불상은 유럽에서도 중국에서도 전멸하고 말았다. 오직 영국의 베드포드 공작이 동물원에서 받아 온 사불상만이 그의 별장에서 번식에 성공하여 기적적으로 멸종을 피하게 되었다.

선캄브리아기	고생대						중생대			신생대		
	캄브리아기	오르도비스기	실루리아기	데본기	석탄기	페름기	트라이아스기	쥐라기	백악기	고제3기	신제3기	제4기

입도 항문도 없어서 살아남은

황화수소 냄새는 달걀 썩은 냄새

새날개갯지렁이

5. 멸종할 줄 알았는데 멸종하지 않은 생물

(들리나요? 나는… 심해에 사는… 새날개갯지렁이예요. 지금… 당신의 마음에… 직접 말을 걸고 있어요.)

(나에게는 입이… 없어요. 위도… 없어요. 엉덩이도… 똥구멍도… 없어요. 아무것도… 먹지… 않아서… 필요치 않답니다.)

(내가 살 수 있는 것은… 몸속의 세균 덕분이에요. 세균이… 해저 화산에서 나오는… 황화수소를 이용해서… 많은… 영양분을… 만들어 주거든요.)

(그런데 내 부탁 좀 들어줄래요. 바다 씨… 화산에서 분출된 것을… 내 쪽으로… 더 내가 있는 곳 가까이로…, 흘려보내 주세요. 자…, 어서 빨리요!)

(앗, 뜨 뜨 뜨겁다. 그만… 이제 그만…, 온도가 400℃나 돼서… 힘들어요. 더 부드럽게… 부탁해요. 그렇지 않으면 저는… 소시지가… 될 거예요. 나도… 동물이거든요. 앗… 뜨거!)

분류	다모류(갯지렁이류)
크기	관의 길이 10cm~3m
서식지	전 세계의 깊은 바다
먹이	황화수소

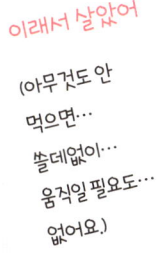

이래서 살았어

(아무것도 안 먹으면… 쓸데없이… 움직일 필요도… 없어요.)

깊은 바다에는 빛이 거의 닿지 않아서 식물처럼 광합성을 하는 생물은 살 수 없다. 그러니 다른 생물을 잡아먹어서 영양분을 섭취해야 하는데, 새날개갯지렁이는 입도 항문도 없다. 새날개갯지렁이는 해저 화산에서 뿜어져 나온 황화수소를 그림의 붉은색 기관에서 흡수한다. 그러면 몸 안에 공생*하는 유황 세균**이 황화수소를 영양분으로 만들어 준다. 새날개갯지렁이는 그 영양분으로 살아간다. 먹지 않아서 살아남은 별난 생물이라고 할 수 있다. (*공생 : 다른 종류의 생물이 서로에게 해를 미치는 일 없이 함께 사는 것. **유황 세균 : 황이나 무기 황화물을 산화하여 에너지를 얻는 세균)

선캄브리아기	고생대						중생대		신생대		
	캄브리아기	오르도비스기	실루리아기	데본기	석탄기	페름기	트라이아스기	쥐라기	백악기	고제3기	신제3기	제4기

섬에 남겨져서 살아남은 아마미 검은멧토끼

쉿~ 쉿~

털이 움찔움찔

굴 입구에 뚜껑을 덮어서 새끼를 지킨다.

5 멸종할 줄 알았는데 멸종하지 않은 생물

엄마 이따 보자. 엄마 밥 먹고 오마. 모레 늦은 밤에 돌아올게. 그 때까지 꼼짝 말고 굴 안에 있으렴.

새끼 알았어요. 엄마 근데요, 저도 따라가면 안 돼요?

엄마 위험해. 너는 아직 잘 달리지 못하잖니.

새끼 그래도… 엄마는 날마다 돌아와도 2~3분 만에 어딘가로 휙 가 버리잖아요.

엄마 **굴 위치를 사냥꾼한테 들키면 큰일 나니까 그렇지. 너를 지키기 위해서야.**

새끼 힝….

엄마 여러 번 말했지만, 우리에게는 몸을 지킬 무기가 없단다. 어쩌다 살던 곳이 섬이 되는 바람에 경쟁할 동물이 없어서 살아남은 거지.

새끼 알았어요….

엄마 그러니까 다 클 때까지 얌전히 엄마 말 들으렴. 엄마 얘기 무슨 뜻인지 알지? 이제 뚜껑 덮을 거니까 들어가야지?

새끼 네…, 엄마.

분류	포유류
크기	몸길이 45cm
서식지	일본 아마미오섬, 도쿠노섬
먹이	도토리, 풀

이래서 살았어
사람들의 눈을 피해 조용히 사는 삶도 나쁘지 않아.

일본 가고시마 지역의 아마미오섬과 도쿠노섬에만 사는 토끼. 야생 토끼와 비교해서 몸 크기는 비슷하지만 귀가 1/3 정도 더 짧고, 다리 길이가 절반 정도밖에 되지 않으며, 눈도 더 작다. 빙하기에는 일본이 대륙과 연결되어 있었으나, 아마미검은멧토끼의 서식지는 그때도 지금과 마찬가지로 고립된 큰 섬이었다. 그 덕분에 새로운 경쟁자나 천적이 섬 밖에서 들어오지 않아서 오늘날까지 살아남았다.

눈에 의지하지 않아서 살아남은 키위

자, 이제 눈을 감습니다. 잡념을 버리고, 마음을 가라앉힙니다. 요가의 가르침에서는 세상에 대한 집착을 '버리는' 일이 중요합니다.

나는 이 가르침을 따라 **경쟁 상대가 많은 낮의 세계를 멀리하고 밤에 활동하며, 눈으로 들어오는 시각 정보를 거부하고, 날개를 버렸습니다.**

그러자 무슨 일이 벌어졌을까요. 새의 강점인 밝은

에피오르니스(130쪽)와는 친척

158

5 멸종할 줄 알았는데 멸종하지 않은 생물

시력과 날개를 버리자, 나의 세계는 더욱더 풍요로워졌습니다.

새카만 밤에 숲을 걸어도 나는 지렁이가 있는 장소를 알 수 있습니다. 이 코가 냄새를 맡아 알려 주지요. **나무나 바위에도 부딪히지 않습니다.** 이 수염으로 전해지는 감촉이 주변에 있는 물체의 위치를 알려 줍니다.

결과적으로 나는 무기가 없어서 살아남았습니다. 자, 당신도 쓸모없는 것을 버리세요. '새로운 세계'가 기다리고 있습니다.

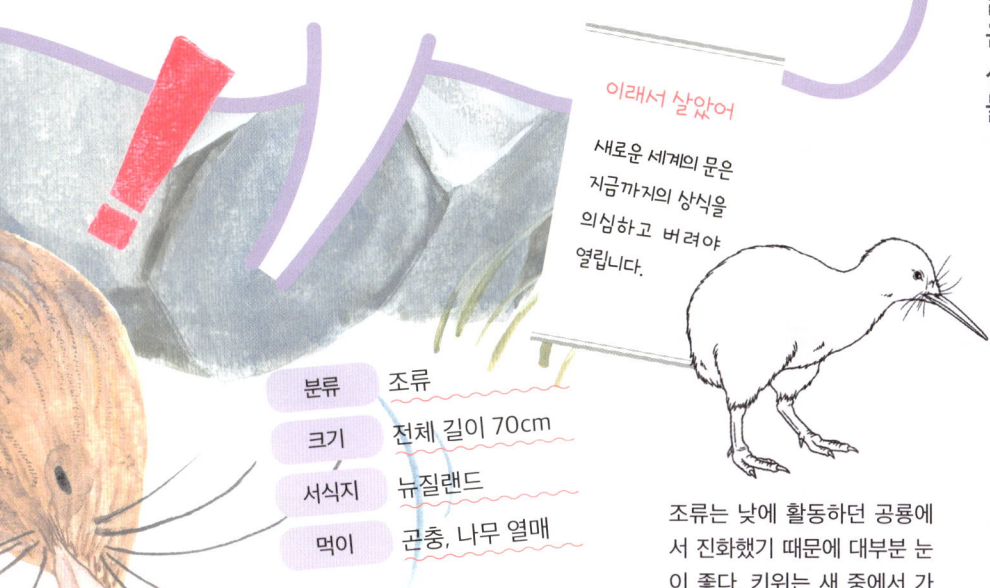

이래서 살았어
새로운 세계의 문은 지금까지의 상식을 의심하고 버려야 열립니다.

분류	조류
크기	전체 길이 70cm
서식지	뉴질랜드
먹이	곤충, 나무 열매

설마 날 찾아낼 줄이야!

조류는 낮에 활동하던 공룡에서 진화했기 때문에 대부분 눈이 좋다. 키위는 새 중에서 가장 눈이 작고 후각과 청각이 발달했다. 이것은 야행성 포유류에게 많이 보이는 특징인데, 키위가 사는 뉴질랜드에는 포유류가 거의 없었다. 조류는 마음껏 다양한 환경에서 살게 되었고, 키위는 포유류처럼 진화하는 데에 성공하여 살아남았을 것으로 생각된다.

수명이 짧아서 살아남은 하루살이

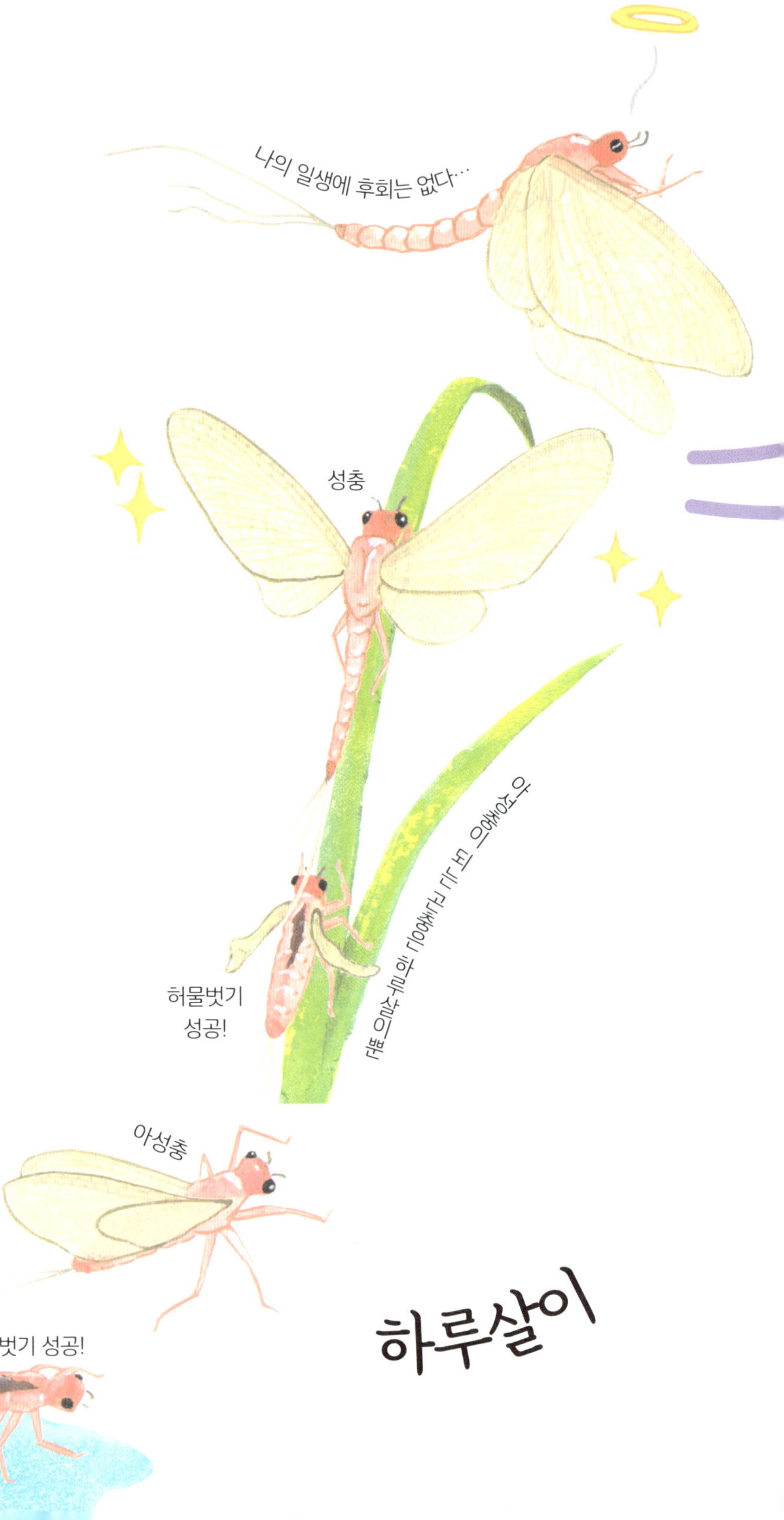

나의 일생에 후회는 없다…

성충

허물벗기 성공!

아성충

허물벗기 성공!

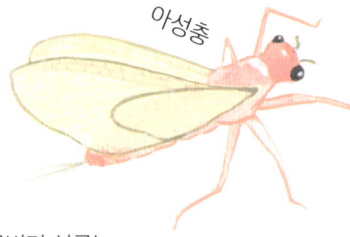

5 멸종할 줄 알았는데 멸종하지 않은 생물

기억이 아련하게 떠오르는군. **반년 전에 태어난 나는** 하천에서 먹이를 넉넉하게 먹으면서 무럭무럭 자랐노라. 물고기에게 잡아먹힐 걱정도 없는 행복한 나날을 보냈더랬지.

이윽고 성충이 되자, 내게도 커다란 날개가 생겼네. **하천을 떠나 넓은 하늘을 향해 당당히 날개를 파닥였노라.**

크, 그때의 기분이란. 마침내 어른이 되어 자유를 손에 넣었으니 내가 얼마나 기뻤겠는가.

그로부터 5시간 뒤인 지금, 나는 죽음을 맞이하고 있노라. 어차피 성충은 입이 없어서 먹지도 마시지도 못하지.

하지만 슬프지 않으니 걱정 마라. 몇백만 마리의 친구들과 한날한시에 성충이 되어, 오늘 밤 새끼를 만들고 우리 종족이 살아남는 데 보탬이 될 테니 뿌듯할 뿐. **천적이 우리를 발견한들 하루 만에 몇백만 마리나 먹어 치울 수 있을 리는 없을 터.** 참 좋~은 삶을 살다 간다고 전해 다오.

분류	곤충류
크기	몸길이 1~1.5cm
서식지	전 세계의 담수 지역(남극 대륙 제외)
먹이	규조류(유충일 때)

이래서 살았어
약해도 수가 많으면 두려울 것이 없구나.
쪽수 is power 아니겠는가?

하루살이 종류는 바퀴벌레보다도 기원이 오래되었고, 날 수 있는 곤충 중에서 생존의 역사가 가장 길다. 힘도 없고 성충의 수명이 하루 남짓인 생물인데도 지금까지 나름대로 번성하고 있다. 하루살이가 오랫동안 살아남을 수 있었던 이유는 바로 짧은 수명이다. 수많은 하루살이가 한꺼번에 날개돋이(우화)를 해서 짝짓기 뒤 알을 낳고 금방 죽는다. 한꺼번에 날개돋이 하는 개체 수가 너무 많아서 천적에게 다 잡아먹히지 않고 살아남는 것이다.

선캄브리아기	고생대				중생대			신생대		
	캄브리아기	오르도비스기	실루리아기	데본기	석탄기	페름기	트라이아스기	쥐라기	백악기	고제3기	신제3기	제4기

헤엄치기를 그만둬서 살아남은

새끼일 때는 조금 헤엄칠 수 있다.

해초

아 무튼 척추동물 씨는 항상 바쁘신 듯합니다요.

나도 어릴 적에 수영을 좀 했는데, 다 자라고 나서는 꿈쩍도 안 하고 있습니다요. 바위에 찰싹 붙어서 바닷물에 녹아 있는 영양분을 걸러 먹고 삽니다요. 이렇게 지내다 보니 아등바등 살아서 뭐 하나 싶은 생각이 들 때도 있습니다요.

5 멸종할 줄 알았는데 멸종하지 않은 생물

행복의 기준은 제각각이겠지만, **우리 해초의 행복은 멋진 바위와의 만남으로 결정됩니다요.** 아무리 물의 흐름이 빨라도 움직이지 않는 바위에 끈질기게 궁둥이를 붙이고 버틸 수 있는가, 버티기를 얼마나 잘 해내는가에 따라 바다에서 빨아들이는 영양분의 양이 제법 많이 달라집니다요.

자유롭게 살아가고 싶은 마음은 이해하지만, **역시 어른이 되면 한 곳에 머물러 살아가는 편이 좋지 않을까 합니다요.**

분류	해초류
크기	지름 1~20cm
서식지	전 세계의 바다
먹이	바닷물 속의 유기물

이래서 살았어
자유보다 안정을 선택하는 것도 행복 아니겠습니까요.

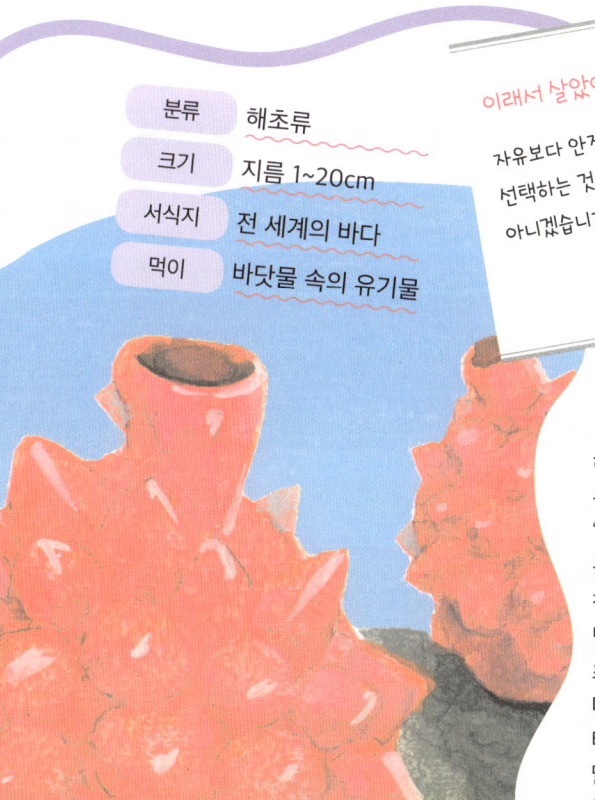

해초의 새끼(유생)는 올챙이 같은 모습으로, 등뼈의 기초가 되는 '척삭'을 갖고 있다. 이것은 척추동물의 조상과 가까운 특징이다. 척추동물은 튼튼한 등뼈가 생기면서 운동 능력이 높아졌지만, 해초 유생의 수영 능력은 신통치 않다. 유생에서 어른(성체)으로 변태하면 척삭이 사라지고, 바위에 달라붙어 움직이지 않는다. 해초는 척추동물과 달리, 이동하지 않고도 영양분을 먹는 방향으로 진화하여 생존에 성공했다.

선캄브리아기	고생대						중생대			신생대		
	캄브리아기	오르도비스기	실루리아기	데본기	석탄기	페름기	트라이아스기	쥐라기	백악기	고제3기	신제3기	제4기

계획 없이 살아서 살아남은

헤엄칠 때는 껍데기를 아래쪽으로 뒤집는 스타일

투구게

5 멸종할 줄 알았는데 멸종하지 않은 생물

Ⓐ 야, 어떡할래? 해안에 올라갈래? 아니면 바닷속에 잠수할래?
Ⓑ 그거~ 3억 년 전부터 결정 못한 건데~.
Ⓒ 나는 해안이나 가 볼까나. 맛있는 조개도 많으니까.
Ⓑ 흐음~ 근데 해안은 원숭이가 어슬렁거리잖아~. 위험하지 않을까?
Ⓒ 원숭이는 위험해. 힘도 세.
Ⓐ 그런데 말이야, 우리는 '게'니까 바다랑 가까운 존재 아니겠냐.
Ⓑ 나 알아~. 우리는 사실 거미나 전갈이랑 가까운 사이인가 보더라~.
Ⓐ 헐? 충격적이다.
Ⓒ 아, 나도 나도! 우리 뇌는 도넛 모양인 거 알아?
Ⓑ 뇌는 갑자기 어디서 튀어나온 얘기냐?
Ⓒ 어라, 토막 지식 자랑 시간 아님?
Ⓐ 이건 어때? 우리 피 흘리면 파란색이잖아. 몸속에서는 하얀색이래.
Ⓑ 그게 뭐야, 기분 나쁘다.
Ⓒ 우리는 대체 누구인가.
Ⓐ 또 옆길로 샜다. 우리 무슨 얘기 하다 여기까지 왔냐?
Ⓑ 뭐 아무려면 어떠냐~?

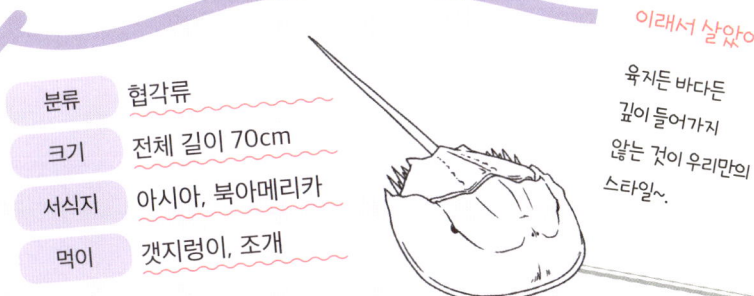

분류	협각류
크기	전체 길이 70cm
서식지	아시아, 북아메리카
먹이	갯지렁이, 조개

이래서 살았어
육지든 바다든 깊이 들어가지 않는 것이 우리만의 스타일~.

투구게는 게가 아니라, 멸종한 바다전갈*에 가까운 종류다. 아주 오래전부터 모습이 거의 변하지 않은 점으로 미루어 줄곧 얕은 파도가 치는 따뜻한 모래 지역에서 서식했던 것이 틀림없다. 이러한 환경에는 대형 포식자가 거의 없기 때문에 투구게 껍데기의 방어 효과가 더욱 높았을 것이다. 투구게는 껍데기 크기에 비해서 먹을 수 있는 부분이 적으므로 잡아먹히지 않고 무사히 살아남았을 것이다.

(*<이유가 있어서 멸종했습니다> 126쪽)

오키나와뜸부기

몽구스가 사라져서 살아남은

나무의 진동을 느끼는 중

이 것 보게~? 누군가 했더니 **몽구스 형님 아니신가.** 소문은 들었수다. 요즘 **사람들이 눈을 부릅뜨고 감시하는 바람에 영 살기 힘드시다고.** 이제 우리에게 달려들 기운도 이빨도 없으시겠네? 아이고~, 이 양반 농담을 진담처럼 들으시네! 농담이에요, 농담!

5 멸종할 줄 알았는데 멸종하지 않은 생물

뭐… 자업자득이지. **애초에 사람들이 당신네를 이 섬에 데려온 건 독사를 잡을 목적이었건만.** 무슨 바람이 분 건지, 당신네가 **독사 사냥은 뒷전으로 미루고 애먼 우리를 멸종 직전까지 몰아넣었으니** 딱히 할 말은 없지 않수? 아니 왜 잡으라는 독사는 안 잡고 우리를 잡았수? 그나저나 기분이 어떠신가? 사냥꾼에서 사냥감이 된 기분이?

어이쿠, 왜 째려보고 그러시나~. 우리는 아무 짓도 안 했수다. 안타까운 피해자일 뿐이지. 불만이 있으면 사람한테 말씀하셔.

분류	조류
크기	전체 길이 35cm
서식지	일본 오키나와섬
먹이	곤충, 과일

이래서 살았어

우리도 몽구스도 독사와 사람의 싸움에 휘말렸을 뿐.

몽구스

오키나와뜸부기는 일본 오키나와섬 북부의 얀바루 지역에서만 사는 날지 못하는 새이다. 오키나와뜸부기를 비롯한 뜸부기과 새는 나는 것을 싫어해서, 천적이 적은 섬에 적응하자, 금세 날지 않게 되었다. 오키나와뜸부기는 한때 독사인 허브를 퇴치하려고 풀어놓은 몽구스에게 공격당해서 멸종 위기에 놓였다. 하지만 사람들이 몽구스를 퇴치하기 시작하면서 조금씩 개체 수가 늘어나고 있다.

선캄브리아기	고생대					중생대			신생대		
	캄브리아기	오르도비스기	실루리아기	데본기	석탄기	페름기	트라이아스기	쥐라기	백악기	고제3기	신제3기	제4기

167

거친 바다 덕분에 살아남은

암컷을 둘러싼
뜨거운 전투 댄스~

씨름과 비슷한 방식

코모도왕도마뱀

5 멸종할 줄 알았는데 멸종하지 않은 생물

> 코모훈이: 후우, 당신 꽤 강하군.
> 코모철이: 코모순이의 사랑은 오직 나뿐이다!
> 코모순이: 그만해! 코모순이 때문에 싸우지 말아 줘!
> 코모훈이: 그런데 당신, 이 섬이 싫증 났다고 떠나지 않았었나?(씨익)
> 코모철이: 큭, 나는 이 섬과 코모순이를 사랑한다.
> 코모훈이: 거짓말 마. 당신은 뭔가 중요한 사실을 숨기고 있어.
> 코모순이: 코모철이 씨, 그게 뭐죠?
> 코모철이: 미안해, 사실은 섬 밖으로 떠나려고 했는데, 바다가 너무 거칠어서… 섬에서 탈출하지 못했어!
> 코모순이: 그, 그런 사정이 있었다니!?
> 코모철이: 분하다! 비밀을 들켰으니, 나는 이제 끝이군.
> 코모훈이: 글쎄… 우리가 섬에서 나갈 수 없다면 천적도 섬으로 들어오지 못할 테지. 그래서 우리가 살아남을 수 있었던 것이다. 당신은 지금 이대로도 훌륭해!
> 코모철이: 코… 코모훈이!
> 코모순이: 잠깐만~, 이 전개 뭔데?

이래서 살았어

갇혀 사는 것도 나쁘지 않군요.

분류	파충류
크기	전체 길이 2.7m
서식지	인도네시아 소순다 열도 (코모도섬, 린차섬, 플로레스섬 등)
먹이	고기

코모도왕도마뱀 조상은 호주에 살면서 몸집이 커졌다. 빙하기에 해수면이 내려갔는데, 이 틈에 바다 건너 인도네시아 소순다 열도까지 서식지를 넓혔다. 나중에 소순다 열도 주변은 바다가 깊고 해류가 빨라서 새로운 대형 육식 포유류가 섬에 오르지 못했다. 호주에 살던 조상은 모두 죽었지만, 소순다 열도에 살던 코모도왕도마뱀은 살아남았다.

옐로스톤 국립 공원

고세균

산소를 피해 도망쳐서 살아남은

아직 지구에 동물이나 식물조차 없었던 35억 년 전. 고세균 가족이 바닷속에서 사이좋게 살고 있었습니다.

사건이 발생한 것은 약 27억 년 전. **시아노박테리아*라는 신입 세균**이 나타나서 **고세균에게는 맹독인 '산소'를 만들기 시작했습니다.** 고세균 가족에게 찾아온 일생일대의 위기!

다행히 고세균 가족은 지구 어딘가에서 산소가 거의 없는 환경을

*182쪽

5 멸종할 줄 알았는데 멸종하지 않은 생물

찾아냈습니다!

그곳은 보통의 생물은 얼씬도 못할 '극한 환경'. 수심 4000m에 이르는 심해에서 400℃로 펄펄 끓는 물을 뿜어내는 구멍을 발견했습니다. 미국의 옐로스톤 국립 공원에는 여덟 시간 안에 철로 만든 식칼이 녹을 정도로 강산성인 온천이 있었습니다. 그리고 **산소가 적은 동물의 장도 고세균에게는 쾌적한 집인 셈입니다!**

앞으로도 이러한 환경에서 고세균 가족은 행복하게 살아갈 것입니다.

분류	고세균
크기	지름 1μm(마이크로미터)
서식지	물속, 흙 속, 동물의 몸속
먹이	효모 등

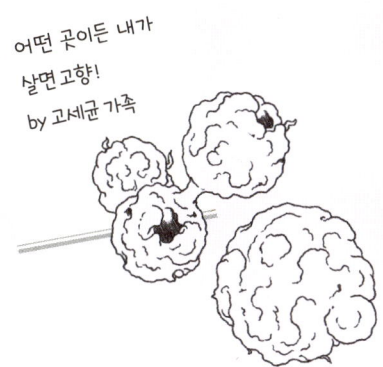

이래서 살았어

어떤 곳이든 내가 살면 고향!
by 고세균 가족

심해의 뜨거운 물이 솟아 나오는 구멍

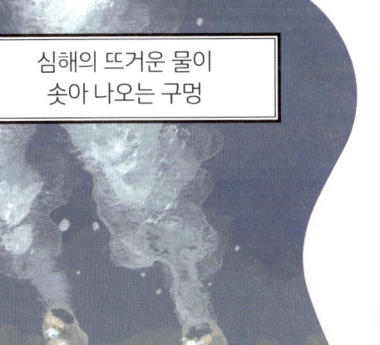

지구에 최초의 생명이 태어난 시대, 생성된 직후의 바다는 100℃를 넘는 열탕이었으며 철도 녹일 정도로 강한 산성을 띠었다. 도무지 생물이 존재할 수 없으리라 생각되지만, 고세균은 그러한 환경에서 진화해 왔다. 지금도 고세균의 대부분은 바닷속의 뜨거운 물이 샘솟는 구멍과 같은 '극한 환경'을 좋아하며, 경쟁 생물이 적은 환경에서 살고 있다. 참고로 이름은 비슷하지만, 고세균과 세균(박테리아)은 완전히 다른 종류의 생물이다.

쉬어가기 ❺ 다양성의 노래

우리의 다양성

• 노래 : 지구 어린이 합창단 • 작사 : 하나다 • 작곡 : 실타래   8.6만 회 재생 좋아요 6999명

처음에는 단 하나였던 생명이
40억 년에 걸쳐 점점 불어났어
헤아리기 힘들 정도로 생명이 태어났지
다양한 생물이 살아가네 그것이 다양성

처음에는 단 한 종류였던 생명이
나무처럼 몇번이나 가지를 쳐서
수많은 생명이 되었네
저마다 다른 모습 그것이 다양성

잎을 갉아 먹는 쐐기벌레를 배고픈 새가 잡아먹고
죽은 새는 땅으로 되돌아가 잎을 키우네

지구 안에서 돌고 도는 생명의 순환
살아가는 방법도 여러 가지 그것이 다양성

옛날 옛적 지구에 운석이 떨어지던 날
커다란 공룡은 죽고 작디작은 곤충은 살아남았네
누군가는 죽고 누군가는 살아가지
생명은 끊이지 않는다네 그것이 다양성

처음에는 단 하나였던 생명이
1조 4600억의 밤을 지나 숨 쉬고 있다네.
서로 다르기에 서로의 버팀목이 되어 주네
보이지 않지만 소중해 그것이 다양성

6

이유가 있어서 번성했습니다

힘들지만 살아가고 있어!

지구에서 번성하기란 여간 힘든 일이 아닙니다.
화려하지 않아도, 강하지 않아도
꿋꿋하게 살아가는 생물도 있습니다.
살아 있다는 사실이 중요합니다.

지구와 함께 쓰는 교환일기 ②

지구 님께

지구에 태어난 김에 누구보다 크게 번성해서 지구를 우리 식구로 가득 채우고 싶은데, 어떻게 하면 될까요?

ID : 개체 수가 제일 중요해

개체 수가 제일 중요해 님께

안녕하세요. 소중한 사연 고맙습니다. 대번성이라는 커다란 목표를 세웠네요. 내가 도움이 될지 모르겠습니다만, 번성하는 생물에게는 대체로 세 가지 유형이 있습니다. 내용을 적어 줄 테니 참고하길 바랍니다.

① 환경에 솜씨 좋게 적응하다

주어진 환경에 딱 맞는 몸을 손에 넣으면, 당연히 살기 쉬울 테니 번성에 한층 가까워지겠지요.

다만 개체 수를 늘리는 것만이 번성은 아닙니다. 공룡이나 고래처럼 크기로 존재감을 키우는 방법도 있습니다.

② 번성한 능력자 생물을 이용하다

일등을 하지 않아도 되는 방법입니다. '이 녀석은 멸종하지 않을 것 같다'라고 생각되는 생물에게 기생하거나, 그 생물을 주로 먹으면, 생존에 유리합니다. 다만 목표로 삼은 생물이 멸종하면 끝장입니다.

③ 환경을 바꾸다

환경에 맞추지 않고, 환경을 자기 마음대로 바꿀 수도 있습니다. 적극적인 당신에게 잘 맞을 듯한 방법이네요. 대기의 성분이나 지형 바꾸기는 섣불리 도전할 수 있는 일은 아니지만, 시간을 들이면 불가능하지는 않습니다.

질문에 답변이 되었을까요? 부디 번성하길 바랍니다.

지구 쓺

사람에게 빌붙어서 번성

6 이유가 있어서 번성했습니다

◆ 나는 가장 흔한 쥐, 시궁이. 가장 좋아하는 음식은 소시지다.

▲ 나로 말할 것 같으면 곰이. 이 사과는 곰이가 맛있게 냠냠할게!

◉ 이 몸의 이름은 생이. 이 세상의 쌀은 모두 이 몸의 것이로다!

◆ 자, 주인공이 모두 모였으니 거래를 시작해 볼까. 우리 세 종류의 쥐는 사람들이 타고 다니는 배에 숨어들어 이동했다. 이제 전 세계의 집이란 집 구석구석까지 점령했다.

▲ 우리 앞니는 아무리 굳건한 콘크리트 벽이라도 구멍을 뚫어 버리지!

◉ 게다가 이 몸은 이십 일 동안만 임신하면 새끼를 낳을 수 있다. 단 두 마리의 쥐만 있으면 이 년 뒤에 1억 마리로 늘어나는 건 문제없다네!

◆ 허풍이 아니야. 너희가 과자를 몰래 숨겨 봤자 소용없지.

▲ 맞아 맞아! 우리를 괴롭히면 전염병을 마구 퍼트릴 테야!

◆ 잘 알아들었나? 우리의 세력 확장에는 브레이크가 없다! 자잘한 쥐덫을 설치하는 짓은 이제 그만두시지? 그런 쥐덫이 소용없다는 걸 알 텐데.

분류	포유류
크기	몸길이 6~25cm
서식지	전 세계의 육지(남극 대륙 제외)
먹이	잡식

이래서 살았어

사람의 집이 바로 우리 집. 사이좋게 지냅시다!

사람의 주거지 주변에 사는 세 종류의 쥐(시궁쥐, 곰쥐, 생쥐)를 집쥐라고 부른다. 이 세 종류의 쥐는 본래 아시아의 서로 다른 지역에 살았는데, 인공 환경에 적응해서 번성하였고, 사람이 이동할 때 따라다니면서 세계 각지로 퍼졌다. 집쥐는 크기가 제각각이고 좋아하는 먹이도 다르다. 하수도, 지붕 밑, 창고 등 다양한 환경에서 살며 사람과 공존하고 있다.

선캄브리아기	고생대						중생대			신생대		
	캄브리아기	오르도비스기	실루리아기	데본기	석탄기	페름기	트라이아스기	쥐라기	백악기	고제3기	신제3기	제4기

사람의 천적이 되어서 -번성-

맞, 아 죽겠구나 하는 위기감은 어렴풋이 느끼고 있습니다. 내 말에 가시가 있는 것 같다고요. **바늘 같은 입 모양 때문이라고 생각하시던가요.**

하지만 오해 받는 부분도 많습니다. **나는 사람들이 생각하는 만큼 피를 빨아 먹지 않아요.** 평소에는 꽃의 꿀이라든지 과일즙을 빨아 먹고 삽니다. 귀엽지 않나요.(방긋)

피를 빠는 것은 암컷뿐인데, 알을 낳을 때만 피가 필요합니다. 결국 피를 빨아 먹는 건 일 년에 네다섯 번 정도밖에 안 된다는 겁니다!

그런 사정도 모르고 보이는 족족 때려죽이는 사람이 나쁜 거 아닙니까. 솔직히 억울합니다. **뭐, 우리가 피를 빨다가 병을 옮겨서 해마다 70만 명 정도의 사람이 죽는다니,** 원인 제공을 한 면도 없지는 않습니다만….

뻔뻔하게 들릴지 모르지만, 우리는 지구에서 가장 성공한 생물인 사람을 노려서 번성했기 때문에 후회는 안 합니다. 앞으로도 '**탐욕스럽게 피 빨다**'는 목표를 가지고 열심히 살 생각입니다!

6 이유가 있어서 번성했습니다

모기

쪽쪽

우리나라에 사는 모기는 59종류

분류	곤충류
크기	몸길이 5mm
서식지	전 세계의 육지 (남극 대륙 제외)
먹이	꽃꿀, 과일즙

이래서 살았어

상대방이 화내기 직전에 아슬아슬하게 손 떼는 것이 살아남는 비결이죠.

조류, 포유류와 함께 성공적으로 진화를 거듭한 생물이 바로 이, 벼룩과 같은 흡혈 곤충이다. 그중에서 모기는 지금도 엄청나게 번성하고 있다. 사람의 피를 즐겨 빨아 먹는 흰줄숲모기는 고인 물에 낳은 알이 배를 타고 옮겨지는 바람에 세계 각지로 퍼져 나갔다. 암컷은 알을 낳기 전에 피를 빨아 먹는데, 그때 말라리아나 뎅기열 등 죽을 수도 있는 치명적인 병을 옮기는 경우가 있어서 사람의 천적이라고도 한다.

선캄브리아기	고생대					중생대			신생대		
	캄브리아기	오르도비스기	실루리아기	데본기	석탄기	페름기	트라이아스기	쥐라기	백악기	고제3기	신제3기	제4기

마른 나무를 분해해서 번성

🅐 이번에는 '마른 나무, 즉 고목을 사용하는 방법'에 대해 다 함께 이야기를 나누고자 합니다. 의견이 있는 분?

🅑 네. 고목은 오랫동안 땅에 묻히면 석탄이라는 연료가 되기 때문에, 그대로 내버려 두어도 좋다고 생각합니다.

🅒 저는 반대합니다. 버려지는 장소도 정해져 있으니, 분해하는 편이 낫다고 생각합니다.

🅐 분해란 무엇입니까?

🅒 나무를 효소로 녹여서 영양분을 얻는 것입니다. 고목을 분해하면 우리에게 유용한 영양분도 얻을 수 있습니다.
(다른 참가자들) 오오~!

🅑 저는 그럴수록 분해되는 나무의 입장에서 생각해야 한다고 봅니다.

🅒 그 점에 대해서도 할 말이 있습니다. 분해한 뒤에 남는 이산화탄소와 물은 살아 있는 나무에게 필요한 물질입니다. 그러니 분해는 나무를 위한 일이기도 하지 않을까요.

🅐 그럼 고목을 사용하는 방법은 '분해'로 결정해도 괜찮을까요?
(모두) 찬성합니다~!

버섯

나무가 분해되지 않고 화석으로 변하면? 석탄!

이유가 있어서 **번성했습니다**

분류	담자균류
크기	다양함
서식지	전 세계의 육지
먹이	식물

이래서 살았어

모두를 위해서 충분히 고민하고 행동하는 것이 중요하다고 생각합니다.

육상으로 진출한 식물은 '리그닌'이라는 물질로 세포를 단단하게 만든 덕분에 수분의 증발을 막고, 거침없이 거대하게 자랐다. 이것이 나무의 시작이었다. 하지만 당시에는 리그닌을 분해할 수 있는 생물이 없었기 때문에 고목은 점점 땅속에 쌓였다. 이때 등장한 생물이 버섯이다. 버섯은 고목을 분해해서 영양분을 얻었고, 이로 인해 '나무가 썩는 현상'이 나타나기 시작했다.

6 이유가 있어서 번성했습니다

어서 와요! 아무 빈자리에나 앉으세요! 손님, **'광합성'은 처음인가요?** 뭐라, 어렵게 생각할 필요가 전혀 없어요.

재료는 이산화탄소랑 물 두 가지만 있으면 끝. 준비한 물질에 햇빛을 재빨리 쪼이면, 맛있는 영양분이 순식간에 완성! 참 쉽죠! 이산화탄소도 물도 여기저기 널려 있으니 줍는 이가 임자예요. 누워서 떡 먹기나 다름없는 수준~. 우리도 이렇게 엄청 번성했으니 의심은 접어 두세요!

뭐라고라고요? 식물도 광합성 할 줄 안다고요? 바보 같은 소리! **식물들은 10억 년 전에 우리를 몸속에 거둬들인 덕분에 광합성을 시작했는걸요.** 즉 우리가 분점을 내준 셈이지요. 아무것도 모르는 분이군요!

이런 이런… 좀 요란스럽게 광합성을 했네요. 광합성 찌꺼기인 산소가 너무 많이 남아서 **지구 환경까지 완전히 달라질 지경이에요.** 산소를 맛있다고 말하는 녀석도 있으니까 괜찮겠지요?

분류	남세균
크기	지름 5μm
서식지	전 세계(바다, 민물, 땅속, 물 위)
먹이	광합성

이래서 살았어
거의 무한한 재료로 영양분을 만드니까 떼돈을 버는 사업이에요.

시아노박테리아는 처음으로 광합성을 해서 크게 번성한 생물이다. 광합성을 하면 부산물로 산소가 배출되는데, 당시 생물에게 산소는 맹독이었기 때문에 많은 생물이 멸종하기도 했다. 그러나 반대로 산소를 호흡에 이용하는 생물이 등장하여, 지구의 환경이 크게 달라졌다. 그뿐만 아니라 산소로 인해 자외선을 차단하는 오존층도 생겨나 육지에서도 생물이 살 수 있게 되었다.

선캄브리아기	고생대					중생대			신생대		
	캄브리아기	오르도비스기	실루리아기	데본기	석탄기	페름기	트라이아스기	쥐라기	백악기	고제3기	신제3기	제4기

다른 생물의 일부가 되어서 - 번성

미토콘드리아의 사랑 제2막

진) 미토리아! 떠나지 마시오. 나의 미토콘드리아!

미) 아아, 진핵생물 님…. **아직도 저를 잡수려고 하십니까?**

진) 내 얘기를 들어 주오, 미토리아. 내가 잘못 생각했어. 당신은 먹이가 아니라오. 내가 활동할 수 있는 에너지를 주는 존재… **그런 당신은 나의 천사!**

미) 그런 말씀을…. 또 저를 속일 생각이십니까?

진) 이것을 좀 보시오.

미) 앗…, 이것은 제가 너무나 좋아하는 산소와 글루코스!

진) 나는 당신에게 이것을 언제나 줄 것이오. 대신 당신은 나에게 필요한 에너지를 만들어 주시오.

미) 이것이… 사랑?

진) 자, 내 품으로 뛰어드시오! 미토리아!

진) 미) 라라라라~ 단단히 연결된 ~ 우리 둘♪ 당신이(그대가) 없으면 살아갈 수 없다오! 앞으로도 함께 잘 살아 보세~♪

6 이유가 있어서 번성했습니다

분류	세포소기관(오르가넬라)
크기	지름 0.5μm
서식지	진핵생물의 세포
먹이	산소, 글루코스

이래서 살았어

혼자서는 무리지만 둘이라면 가능하지 ~♪

시아노박테리아(182쪽)가 만든 산소를 이용해서 미토콘드리아는 에너지를 만들어 내는 호흡을 한다. 이 능력이 있으면 새로운 환경을 살아가는 데 유리했다. 그래서 미토콘드리아를 몸 안으로 받아들여 공생하는 생물이 나타났다. 그 생물이 진핵생물의 조상이다. 오늘날 우리가 산소 호흡을 할 수 있는 것도 미토콘드리아가 우리의 세포 안에서 번성하고 있는 덕분이다.

선캄브리아기 | 고생대: 캄브리아기, 오르도비스기, 실루리아기, 데본기, 석탄기, 페름기 | 중생대: 트라이아스기, 쥐라기, 백악기 | 신생대: 고제3기, 신제3기, 제4기

나가는 말

다시 한번 다양한 멸종의 이유를 들으면서, 여러분은 어떤 것을 느꼈나요?

사람 때문에 멸종한 생물에게 미안하다고 생각한 친구도 있을지 모릅니다.

하지만 사람이 이끈 멸종은 대부분 제대로 알지 못한 탓에 일어났습니다. 이제 와서 옛날에 일어난 멸종을 슬퍼하거나 사람이 나쁘다고 못마땅하게 여길 필요는 없습니다. 미래로 눈을 돌려 같은 일을 반복하지 않기 위한 방법을 고민하는 편이 훨씬 더 중요하지 않을까요.

지구에서 살아가는 생물은 모두 언젠가 멸종합니다. 감당할 수 없는 환경의 변화가 일어나면 사람도 어쩔 수 없이 멸종하고 말겠지요.

하지만 사람에 의한 멸종은 자연환경을 최대한 보호하는 방향으로 힘을 모아 노력하면 틀림없이 막을 수 있습니다.

지구를 많은 생물이 살기 좋은 별로 가꾸기 위해서 우리가 할 수 있는 일은 무엇일까요. 여러분도 멸종을 통해서 생각해 보길 바랍니다.

글 마루야마 다카시

추천하는 말

<이유가 있어서 멸종했습니다> 시리즈의 두 번째 책이 나왔습니다. 지구에 생명이 탄생한 이래로 많은 생물이 탄생하고 멸종했으니 앞으로도 여러 권이 나올 수 있겠네요.

환경에 적응하면 진화하고, 적응하지 못하면 멸종합니다. 그런데 멸종은 나쁘기만 한 것일까요? 멸종한 생물에게는 불행한 일이지만, 그 생물이 차지하던 자리를 다른 생물이 채울 수 있다는 점에서는 나쁘기만 한 것은 아닙니다. 지구의 역사가 계속되는 수십억 년 동안 멸종과 진화는 계속될 것입니다.

그런데 지구 탄생 이래 유일하게 사람은 환경에 적응하지 않고 환경을 자신에게 맞도록 바꿈으로써 번성하고 있습니다. 지구의 모든 대륙에서 살고 있는 유일한 동물입니다. 문제는 사람이 급격하게 바꾼 환경 때문에, 다른 생물들이 더 빨리 더 많이 멸종하고 있다는 점입니다.

지금은 기후 위기라고 부를 정도로, 지구의 기온이 빠르게 상승하고 있습니다. 인류가 문명을 이루고 산 이후 지금처럼 더웠던 시기는 없었습니다. 인류가 더 이상 기온이 상승하는 것을 막아 내지 못할 수 있고, 그 결과 이 책의 후속편에 사람이 등장할지도 모릅니다. 그런 일이 일어나지 않기 위해서는 지구 환경이 급격하게 변하는 것을 막아야 합니다. 우리 모두가 온실가스의 배출을 막고 환경 오염이 개선될 수 있도록 실천한다면, 가능하지 않을까요?

자연사박물관에 오면 멸종한 동물도, 멸종할 동물도, 그리고 그 이유도 살펴볼 수 있습니다. 전 세계의 동물도 있지만, 우리나라의 멸종 위기 동식물도 볼 수 있습니다. 직접 눈으로 보아야 온전히 느낄 수 있을 거예요.

한국어판 감수 백두성 (서대문자연사박물관 전시교육팀장)

미로 찾기의 정답은 34번입니다.
숨은그림찾기의 정답은 ◯ 빨간색 동그라미로 표시했습니다.

찾아보기

가
고세균　170
고티카리스　28
글립토돈　94
까치오리　134

나
뉴잉글랜드초원멧닭　118
닉토사우루스　52

다
다구치류　74
데스모스틸루스　76
데이노테리움　68
디플로카울루스　34

라
로키산메뚜기　116
롱기스쿠아마　56
리비아탄　92
리스트로사우루스　42

마
마조타이로스　32
마크라우케니아　98
메갈라니아　78
메이올라니아　80
모기　178
모사사우루스　50
미토콘드리아　184

바
바실로사우루스　70
버섯　180
브램블케이멜로미스　132
브론토테리움　82

사
사불상　152
상어　150
새날개갯지렁이　154
수중나무늘보　102
시노아박테이리아　182
신테토케라스　66

이 책에 등장한 동물들

아

아란다스피스　24
아르젠티노사우루스　58
아르케론　60
아르크토테리움　90
아마미검은멧토끼　156
알로사우루스　48
옛날왕쇠똥구리　72
에피오르니스　130
오돈토켈리스　54
오키나와뜸부기　166
유럽동굴곰　106
이치　44

자

집쥐　176

차

칠성장어　146

카

카보베르데도마뱀　126
칼리코테리움　86
케라토가울루스　84
코모도왕도마뱀　168
코엘루로사우라부스　30
코틸로린쿠스　26
콰가　114
큰짧은꼬리박쥐　120
키위　158

타

타조　148
투구게　164
티티카카 오레스티아　124
틸라콜레오　100

파

파솔라수쿠스　40
포티펙텐 타카하시아이　104
프로콥토돈　96

하

하루살이　160
하스트수리　122
해초　162
헤노두스　46
호모 플로레시엔시스　88
황금두꺼비　128
황제매머드　108

[감수] **이마이즈미 다다아키**
도쿄수산대학(현 도쿄해양대학) 졸업, 일본 국립과학박물관에서 포유류분류학과 생태학을 연구했다. 문부과학성의 국제생물학 사업계획(IBP) 조사와 환경성의 이리오모테살쾡이 생태 조사 등에 참가했다. 우에노동물원에서 동물 해설가로 근무했으며 도쿄동물원협회 평의원을 역임했다. 주된 저서로는 『야생 고양이 백과』, 『동물행동학 입문』, 『고양이는 신기해』 등이 있으며, 『안타까운 생물사전』 시리즈 등의 감수를 맡았다. 홀로 조용히 살아가며 엄하게 새끼를 키우는 치타나 표범 등의 고양잇과 동물을 좋아한다.

[글] **마루야마 다카시**
동물에 관한 책과 도감을 주로 제작하고 있다. 네이처프로 편집실 근무를 거친 뒤 네게브 사막에서 실시한 바위너구리 조사에 몸담았다. 『안타까운 생물사전』, 『속편 안타까운 생물사전』을 집필하였고, 『불쌍한 동물사전』의 편집과 『날 때부터 불행한 동물사전』의 감수를 맡았다. 좋아하는 동물은 땅돼지. 유일한 관치목 동물이라는 고고한 모습과 흰개미를 먹는데도 특이하게 계속해서 어금니가 자란다는 점 등에 반했다고 한다.

[그림] **사토 마사노리**(1~3장, 포스터)
일러스트레이터로 활동하고 있다. 저서로는 『앗 위험해!』, 『지하철 라이온 선』 등이 있으며, 『여름 숲의 장수풍뎅이』 등에 그림을 그렸다. 작은 몸집으로 우렁차게 우는 청개구리가 가장 귀여운 동물이라고 생각한다.

[그림] **우에타케 요코**(4~5장, 포스터)
타마미술대학 졸업, 인쇄 회사에서 디자이너로 근무하다 2013년부터 삽화가로 일하기 시작했다. 사람처럼 움직이는 곰을 좋아한다.

[그림] **키타자와 헤이스케**(머리글, 지구의 일기, 쉬어 가기, 미로)
미국에서 16년 동안 살다가 지금은 일본에서 일러스트레이터로 활동하고 있다. 여러 책의 그림을 작업했고, 패키지 디자인 등 폭넓은 분야의 일러스트를 그리고 있다. 별자리가 물고기자리라서 물고기를 좋아한다.

[그림] **이와사키 미즈키**(6장, 사람 인터뷰)
타마미술대학 졸업, 어린이 애니메이션 프로그램을 비롯해 일러스트와 캐릭터를 그리고 있다. 커다란 몸으로 두리번거리며 느릿느릿 걷는 북극곰을 좋아한다. 곰치를 기르고 있다.

[그림] **나스미소이타메**(도감 선화)
2004년부터 삽화가로 활동을 시작했다. 서적이나 광고, 인터넷 등에서 삽화와 캐릭터 디자인을 담당했다. 생김새도 멋지고 무늬도 멋진 치타를 좋아한다.

[한국어판 감수] **백두성**
고려대학교 지질학과에서 고생물학으로 박사를 수료했다. 서대문자연사박물관에서 전시교육팀장으로 일하고 있으며 광물과 화석을 전시하고 있다.

[옮김] **허영은**
박물관 큐레이터로 일하다가 번역을 시작했다. 지금은 바른번역 소속 번역가로 활동하고 있다. 옮긴 책으로 『세계 공룡 대백과』, 『나에게 맞는 미니멀 라이프』 등이 있다.

또 이유가 있어서 멸종했습니다

초판 1쇄 발행 2020년 6월 20일 | 초판 9쇄 발행 2025년 5월 23일

감수 이마이즈미 다다아키 | 글 마루야마 다카시 | 그림 사토 마사노리 외 | 한국어판 감수 백두성 | 옮김 허영은
펴낸이 최순영 | 교양 학습 팀장 김솔미 | 키즈 디자인 팀장 이수현 | 디자인 디자인서가

펴낸곳 (주)위즈덤하우스 | 출판등록 2000년 5월 23일 제13-1071호.
주소 서울특별시 마포구 양화로 19 합정오피스빌딩 17층
전화 02) 2179-5600 | 홈페이지 www.wisdomhouse.co.kr | 전자우편 kids@wisdomhouse.co.kr

ISBN 979-11-90786-71-3 73490

Zoku Wake Atte Zetsumetsu Shimashita
Sekaii ichi Omoshiroi Zetsumetsu Shita Ikimono Zukan
by Tadaaki Imaizumi and Takashi Maruyama
Copyright ⓒ 2019 Tadaaki Imaizumi, Takashi Maruyama
Korean translation copyright ⓒ 2020 by Wisdomhouse Inc.
All rights reserved.
Original Japanese language edition published by Diamond, Inc.
Korean translation rights arranged with Diamond, Inc.
through BC Agency

이 책의 한국어판 저작권은 BC에이전시를 통해 저작권자와 독점계약을 맺은 (주)위즈덤하우스에게 있습니다.
저작권법에 의해 한국 내에서 보호를 받는 저작물이므로 무단전재와 복제를 금합니다.

*인쇄·제작 및 유통상의 파본 도서는 구입하신 서점에서 바꿔드립니다. *책값은 뒤표지에 있습니다.